じぶん＆こころ
jibun&kokoro manabubook
まなぶBOOK

村山正治 監修・鬼塚淳子 編
じぶん＆こころ まなぶBOOK 制作ワーキンググループ 著

培風館

執筆者紹介（50音順）　〈　〉は執筆分担章

鬼塚　淳子（おにづか　じゅんこ）
九州産業大学 基礎教育センター 特任講師, 臨床心理士
〈ワーク01・02・03・04・05・06・07・08・09〉

木村　太一（きむら　たいち）
福岡国際大学・福岡女子短期大学 学生相談室 講師・専任カウンセラー, 臨床心理士
〈ワーク13・16〉

小林　純子（こばやし　じゅんこ）
九州産業大学 学生相談室 常勤カウンセラー, 臨床心理士
〈ワーク10・11〉

白井　祐浩（しらい　まさひろ）
志學館大学 助教, 臨床心理士
〈ワーク12・15〉

吉川　英光（よしかわ　ひでみつ）
医療法人親仁会 米の山病院 心理士（非常勤）, 臨床心理士
〈ワーク14・17〉

※ 所属は2014年4月現在

本書の無断複写は, 著作権法上での例外を除き, 禁じられています。
本書を複写される場合は, その都度当社の許諾を得てください。

はじめに

　いま,学生・生徒たちは,こころの危機に瀕していると私は感じている。おそらく現場の教師も保護者も,学生・生徒たち自身も感じていることだと信じている。いじめ,不登校,引きこもり,自殺,虐待,非行,ネット依存などいくらでもあげることができる。
　しかし,こうしたさまざまな心理的問題に悩んでいる学生・生徒たちのこころに耳を傾けていると,聞こえてくるこころの奥そこの声は,自分自身に向き合いたいが怖い,人と会いたいが批判されそうで逃げたい,自分はダメ人間である,などのうめきであり,叫びであろう。
　事実,日本・韓国・中国・米国の高校生国際比較調査では,ダントツに日本の高校生は自己肯定感が低いことが明確になっている。自分をダメな人間だと思っている高校生が83.6％もいる。しかも,1980,2002,2011年度の調査結果は,その割合が増加傾向にあることが示されている。
　つまり,こころの危機を救うための課題は,学生・生徒たちの自己肯定感を高めることにあると私は確信している。そこで,ここ10年ほど,仲間たちと,「PCAグループ」と呼ぶ新しいグループアプローチを開発して,大学・専門学校・高校・中学校の教師と学生・生徒を対象に実践し,効果を上げてきている。

本書の特徴

　本書は,編者の鬼塚さんと仲間たちが,日々直面している課題に取り組むために,「PCAグループ」の基本理念を基に,教育現場の実践から新しく企画・開発したものである。
①アイスブレーク,セルフケア,グループワークの3段階のステップからなる17本のワークを用意して,大学などでの教材として利用できるように工夫されている。
②読者は安心して,自分のペースで,ユックリと自分自身に触れ,自分自身に向き合っていけるようにワークの配置が工夫されている。縦軸に個人成長軸をおいている。
③随所に挿入されているイラストは,こころを和ませてくれる。これは,編者の鬼塚さんが臨床心理士であり,グラフィックデザインの専門家であることを活かした,やさしい配慮が行き届いている作品でもある。
④目的・やりかた・説明・結果・ふりかえり・感想欄の設定などが懇切丁寧に書いてあり,とても使いやすいワークブックである。

本書の活用

①教育,福祉,看護,養護,矯正,子育て支援などに活用できる。
　大学生・大学院生,専門学校生,高校生,中学生の新入生時期の活用に有効である。
②スクールカウンセラーが研修用のソースブックとして活用できる。
③企業の職員研修に,とくに新入社員の初期不安緩和に有効である。
　このワークブックを活用することにより,自分を肯定し,相手を肯定し,相互の信頼が生まれるなかで,こころは柔らかく,柔軟な対応をしながら,一人一人が自分らしく生きる方向に歩まれることを願って筆をおきたい。

2014年3月

村　山　正　治

目次

執筆者紹介
はじめに
主旨・使い方

＊ アイスブレーク ＊
ワーク 01：チェーンリング ────────── 2-3
ワーク 02：ペアボディワーク ───────── 4-5
ワーク 03：紹介ワーク ──────────── 6-7

＊ セルフケア ＊
ワーク 04：交流分析エゴグラム ──────── 8-13
ワーク 05：自己を見る —自己評価— ───── 14-17
ワーク 06：自己表現 —アサーション— ──── 18-23
ワーク 07：ＥＱチェック ─────────── 24-27
ワーク 08：自分のとっておきの強みを探そう ── 28-33
ワーク 09：しあわせ度チェック ──────── 34-35
ワーク 10：手のひら・ワーク 〜今, 手の中にあるもの〜 ── 36-39
ワーク 11：大切な人へのプレゼント・ワーク ── 40-43
ワーク 12：心地よいイメージに浸るワーク ── 44-47

＊ グループワーク ＊
ワーク 13：みんなで 100 マス作文 ────── 48-51
ワーク 14：「目指せ名探偵」セッション ───── 52-55
ワーク 15：スゴロクトーキング（大学生版） ── 56-59
ワーク 16：「夢を語る・聴く」セッション ───── 60-63
ワーク 17：「こころの花束」セッション ───── 64-67

振り返りシート ─────────────── 68-69
引用・参考文献一覧

「まなぶブック」は、きっかけ

大学生はみな，自分を知ることや他者との関係にとても関心が高く，自分探しをしています。この本を作るきっかけは，心を学ぶ講義の中で毎回行ったセルフチェックや交流ワークが学生に大変好評なこと，自分のことが知れた，役に立ったというコメントを多く頂いたことです。授業の主旨やメンバー，グループの進行状況などに沿って，その都度ワークの順序を入れ替えたり，構成を調整して，いくつかの自己成長のスタイルが見えてきました。

この本は，仲間づくりを目的とした参加型演習や，心理学関連の講義（半期15回）を想定しています。いずれのワークも現場で臨床心理士が実際行っているものばかりです。初期導入のためのアイスブレーク，自己理解，少し慣れて来たところで協力するワーク，他者理解，最後は少し深い関係が作れるように構成し，各段階的を丁寧に行うことで，教員も学生もスムーズに交流できるように工夫されています。

社会構造や人間関係が複雑化する中で，友だちが出来ない，自分に自信が持てない，自分を表現できないなどの悩みや不安を抱える大学生と，何とか学生を元気にしたい，やる気を出させたいと支える教員が一緒になって，"自分と心を知ること"，"人との関わりを作ること"から学べるきっかけに，この本がなってくれれば幸いです。

ワークを始める前に

本書で紹介しているワークを行うに当たって，「①体験者にとって安心感・安全感を持ってワークを行える雰囲気を作ること」，「②体験者にとってよい体験ができることを一番に考えること」，「③画一的にやるのではなく，一人ひとりの違いに合わせて工夫をすること」が大切です。そのために，ワークを行う時は次のことに気をつけてください。

無理してやろうとしない：やりたくない時，やっていて嫌な気持ちになった時は無理にやらないようにしてください。嫌な気持ちが出てきたら，途中でやめても構いません。また，やりたくない人に強要することもやめましょう。

一人ひとりのペースを守る：同じワークでも早く終わる人もいれば，ゆっくり時間をかけて行う人もいます。ゆっくりペースの人をせかしたりせず，それぞれのペースで進めるようにしましょう。

うまくできなくてもOK：ワークによってはうまくできなかったり，効果が実感できないという場合があります。できなかったからといって落ち込む必要はありません。「そのうちできるようになればいいな」，「そのうち効果が出ればいいな」くらいの心持ちでいるといいでしょう。

やりやすいように工夫する：本書の通りやらないといけないと思う必要はありません。ワークによっては，自分がやりやすいように工夫・修正するのもいいでしょう。

何より楽しむ：嫌々やっても効果はありません。何より楽しみながらやることが一番大切です。

チェーンリング

準備するもの	* 筆記用具, ハガキくらいのカードを5〜6色
所要時間	* 最大40分
人　　数	* 約25名設定

実 習

チェーンリング（5分）

- 緊張をほぐすワークです。ファシリテーター（以下 fac.）も参加して，グループを促しましょう。
- 人を傷付けたり否定したりするような言葉は言わないようにしましょう。
- fac. が笑顔で，自分も楽しめていることが大切です。

1. バースデーリング（10分）

- 全員で立ったままで輪になります。
- fac. が立っている位置が1月1日，右回りに誕生日が早い順に並びます。
- その際に，言葉を発してはいけません。その他（ジェスチャーや口パクなど）でコミュニケーションを行ってください。
- 順番にみんなが並んだら，早い方から声を出して誕生日を言って行きます。
- 間違っている人がいたら，その都度入れ替わります。
- 間違いなく並べていたら，両隣の人とタッチをして，拍手をします。

2. ネームリング（15分）

- 上記と同様に，言葉を使わずに今度はファーストネームをアルファベット順に A から Z に並んで行きます。
- 同じイニシャルの人はその次の文字が早い順に並びます。
- 日本人は M, S, T, Y の人がとても多いので間違えないよう fac. が促します。
- 順番にみんなが並んだら，早い方から声を出して名前を言って行きます。
- その際に正確に確認ができるよう，ゆっくり声を大きくと fac. が促します。
- 間違っている人がいたら，その都度入れ替わります。
- 間違いなく並べていたら，両隣の人とタッチをして，拍手をします。

* ワーク01：チェーンリング *

1 アイスブレーク ice break

2 セルフケア self care

3 グループワーク group work

実　習

共通アイデンティティ（20分）

・全く知らないメンバーの中で，共通項を見つけて集まってみます。
・上記と同様に，言葉で話してはいけません。
・共通項は，最初は目で見えるものから，自己開示をしないとわからないものに変えて行きます。

1. ハガキくらいのカードを5〜6色準備し，好きな色を選んでもらい，色別に集まったところから始めます。
   目に見えるものは，当日のメンバー構成から選べるように多めに準備し，大きく分かれるものから細かくなるものに移行します。
   （服や鞄・靴の形・色，めがね・コンタクトの有無，ケータイのキャリア・メーカー・色など）
2. 自己開示するものも，上記と同様ですが，人に伝えたいこと，伝えるのに抵抗がないことがいいでしょう。
   （好きなおにぎりの具 or 麺，出身地，好きなスポーツ・ゲーム，高校時のサークル，通学手段など）
   ・慣れてきたら，メンバーにキーワードを出してもらうのもいいでしょう。
3. 分かれる毎に，カードに自分のアイデンティティを記入して行きます。
   （例：黒のリュック，白のスニーカー，銀縁メガネ，アップルのiPhone5ゴールド，エビマヨ，九州外・山口県，サッカー，など）

▽ グループが変わる毎に，共通項を多く持っている人を捜し，ペアになります。
（共通数が同じ人が3人以上いる場合，数が合わない場合は他と調整します）

▽ 共通のアイデンティティを持っている人，シンパシーを感じる人とペアになって，次のワークにつなぎましょう。

振り返り

ワーク後の，あなたの気持ちや感じたことを書いて，あなたのこころを振り返ってみましょう。

引用文献　プロジェクトアドベンチャージャパン　2005　『グループのちからを生かす—プロジェクトアドベンチャー入門 成長を支えるグループづくり』　みくに出版

ペアボディワーク

> 準備するもの ＊ 椅子
> 所要時間 ＊ 20分
> 人　　数 ＊ 約25名設定

やりかた

チェーンリングまたは共通アイデンティティの後，隣の人とペアになります。
（奇数の場合は fac. が入ります。できるだけ同性同士になるよう配慮します）

◎ゆらゆらハンモック（10分）
（1）一人は椅子に座り，一人は横に寄り添い，やさしく手を握ります。
　　　その際に，「お願します」，「手を握りますよ」などと声をかけると抵抗が減ります。
（2）座っている人は肩の力を抜き，手をぶらりと下に下げて相手に委ねます。
（3）横の人は手首を持ち，左右にゆらゆら揺らします。その時にあまり振り過ぎたり，遠慮して指先を持ったりすると肩を痛めますので，「どうですか～？」などと聞きながらゆっくり行います。
（4）腕をゆらゆらさせながら，あなたはマッサージ屋さん，相手はお客さんの気持ちで，世間話をしてください。
（5）片手2～3分くらいで適当なところで止め，両手行います。交代して同じように行います。

◎おじいちゃん＆おばあちゃんの肩もみ（10分）
（1）一人は椅子に座り，一人は後ろに立ち，肩にやさしく手を置く。
　　　その際に，「お願します」，「手を置きますよ」などと声をかけると抵抗が減ります。
（2）後ろの人は，座っている人を自分のおじいちゃんやおばあちゃんと想定して，最近の自分の様子や出来事，気持ちなどを話します（3分程度）。
　　　座っている人はおじいちゃんやおばあちゃんの気持ちになって，うんうんと頷いたり，「そう」と相槌を打ったりして話を傾聴します。
（3）交代して同じように行います。

・終わったらお互いに感想を話し合います。

* ワーク02：ペアボディワーク *

振り返り

ワーク後の，あなたの気持ちや感じたことを書いて，あなたのこころを振り返ってみましょう。

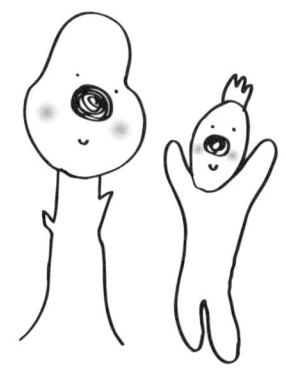

ポイント

グループプログラムは，fac. がやりやすいアイスブレークとグループワーク
（例）・チェーンリング　　　　または　共通アイデンティティ　＋　グループワーク
　　　・ゆらゆらハンモック　　または　おじいちゃんの肩もみ　＋　グループワーク
　　　・タコ紹介　　　　　　　または　回転寿司トーク　　　　＋　グループワーク
などを，組み合わせるとよいでしょう。

紹介ワーク

> **準備するもの** ＊ 強粘着の付箋紙, カラーマジック
> 　　　　　　　　　タコのぬいぐるみ（タコがなければ手触りが柔らかいおもちゃ）
> **所要時間** ＊ タコ紹介：70分, 回転寿司トーク：70分
> **人　数** ＊ 約25名設定

準備

- 紹介ワークのペアは, アイスブレークやボディワークからの流れで組みます。
- 紹介ワークを始める前に, 5〜6人に付箋紙とマジックを1セット渡し, 名前（ニックネームも可）を記入してもらい, 見えるところに貼ります。

やりかた

◎タコ紹介　（インタビュー10分, 紹介60分：1人2分×25名）

- 場を和ませるために, タコのぬいぐるみ, または他のおもちゃを用意します。
- 隣の人または共通項がある人同士でお互いをインタビューし合います（10分程度）。
- その際に「面白い, 個性的だ, 独特だ」と思えるような印象的な話題を聞き出してください。
- お互いにペアの相手を紹介します。紹介する人はタコを持つようにし, 回して行きます。
- 最後に, あなたが相手をどんな人だと感じたかを付け加えてください。
- 1人ずつ紹介が終わったらみんなで拍手をします。

◎回転寿司トーク　（共通グループづくり10分, インタビュー60分：1人2分×25名）

- 好きな寿司ネタで共通項グループを作り, 人数が均等になるように大きく2つに分けます。
- 内と外に二重円を作り, 向かい合って座ります。
- 自己紹介のテーマを fac. が用意しておき, アナウンスします。
  （最近のマイブーム, すごく笑ったこと, 最後の晩餐に食べるもの, など）
- 1人当たり2分ほど話します。相手は会話が続くように心掛けて返します。
- 終わったらお互いにお礼を言って外側の輪の人が1つずれて回ります。
- 全員が当たるまで続けます。

◎【簡易版】ベルトコンベアトーク
・人数分の机を向かい合わせにして一列に並べ，向かい合って座ります。
・自己紹介のテーマを fac. が用意しておき（回転寿司と同じ），アナウンスします。
・向かいの人とお互いで３分話します。終わったら，お互いにお礼を言って別れます。
・一番端の１人だけは席を動かず，後の人は時計回りに席を移動します。
・全ての人と当たるまで続けます。
　（このワークは，事前のペアづくりの準備がなくてもできます）

ポイント

・初めて会った人との自己紹介はハードルが高いものです。緊張をできるだけほぐすような工夫と，話しやすいテーマを準備することが必要です。
・ペアの中には，お互い引っ込み思案で話が全く進まないペアも出てきます。その時はあまり介入せずに，自然な流れを乱さないようにそっと見守りましょう。

・グループプログラムは，fac. がやりやすいアイスブレークとグループワーク
　（例）・チェーンリング　　　または　共通アイデンティティ　＋　グループワーク
　　　　・ゆらゆらハンモック　または　おじいちゃんの肩もみ　＋　グループワーク
　　　　・タコ紹介　　　　　　または　回転寿司トーク　　　　＋　グループワーク
　などを，組み合わせるとよいでしょう。

振り返り

ワーク後の，あなたの気持ちや感じたことを書いて，あなたのこころを振り返ってみましょう。

引用文献　西村宣幸　2008　『ソーシャルスキルが身に付くレクチャー＆ワークシート』　学事出版

交流分析エゴグラム

人の心はどのように作られてきたのでしょうか？仕組みはどうなっているのでしょうか？
カナダの精神科医のエリック・バーンは,「交流分析」という心の理論を考えました。
その中で,人の心を5つに分けました。

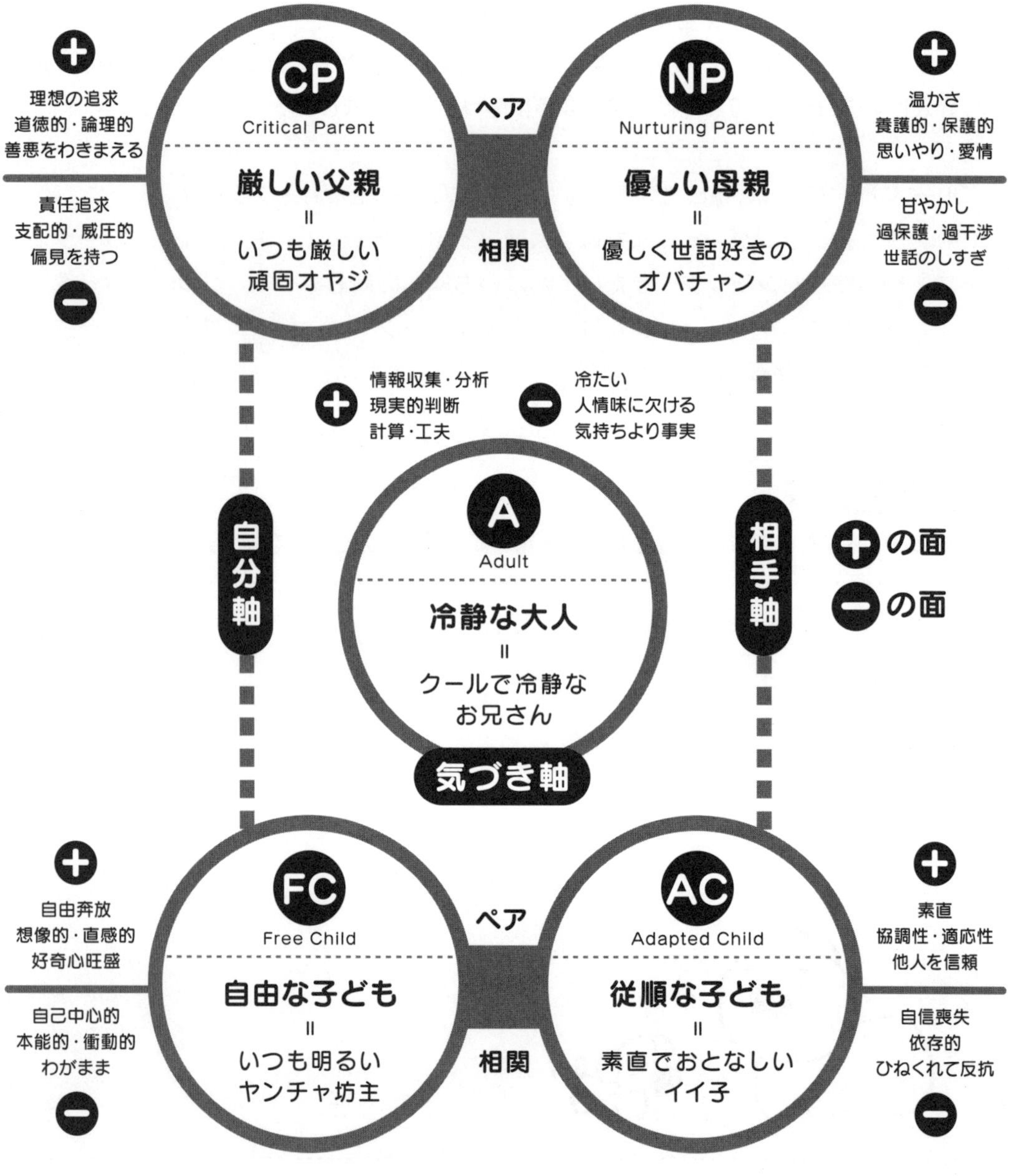

CP Critical Parent
厳しい父親
＝
いつも厳しい頑固オヤジ

＋ 理想の追求／道徳的・論理的／善悪をわきまえる
－ 責任追求／支配的・威圧的／偏見を持つ

NP Nurturing Parent
優しい母親
＝
優しく世話好きのオバチャン

＋ 温かさ／養護的・保護的／思いやり・愛情
－ 甘やかし／過保護・過干渉／世話のしすぎ

ペア／相関

A Adult
冷静な大人
＝
クールで冷静なお兄さん

＋ 情報収集・分析／現実的判断／計算・工夫
－ 冷たい／人情味に欠ける／気持ちより事実

自分軸／相手軸／気づき軸

＋の面
－の面

FC Free Child
自由な子ども
＝
いつも明るいヤンチャ坊主

＋ 自由奔放／想像的・直感的／好奇心旺盛
－ 自己中心的／本能的・衝動的／わがまま

AC Adapted Child
従順な子ども
＝
素直でおとなしいイイ子

＋ 素直／協調性・適応性／他人を信頼
－ 自信喪失／依存的／ひねくれて反抗

ペア／相関

* ワーク04：交流分析エゴグラム *

基礎知識

左記の5つの心のバランスを表したグラフを「エゴグラム」と言います。その時の状態や年齢によって答えが変わることがあるので，今ここでのあなたの心の仕組みを表していると考えてください。

エゴグラムは，最も高い所と最も低い所に注目します。最も高い所があなたにとって出やすい考え方・感じ方・行動です。長所にもなりますが，高すぎると短所になることもあります。逆に，最も低い所があなたにはあまりない考え方・感じ方・行動です。一般に弱点になることが多いですが，極端に低くなければあまり気にすることはありません。

CP・FC	自分軸	自分のためにエネルギーを使う 自分を中心に考え行動する傾向がある
NP・AC	相手軸	相手のためにエネルギーを使う 相手を中心に考え行動する傾向がある
A	気づき軸	自分に対する気づきがある 自分を変える強い力がある

CPが高い	しっかりして頼りがいがある	高すぎる ⇒ 低すぎる ⇒	怖くて近づきにくくなる ルーズでだらしなくなる
NPが高い	優しく親しみやすい	高すぎる ⇒ 低すぎる ⇒	過保護になる 冷たく無関心になる
Aが高い	論理的で物事が よくわかっている	高すぎる ⇒ 低すぎる ⇒	面白味がなく生意気になる 頼りなくいい加減になる
FCが高い	行動的で楽しい	高すぎる ⇒ 低すぎる ⇒	自分中心になる 自分の殻に閉じこもってしまう
ACが高い	素直で誰とでも仲良くなれる	高すぎる ⇒ 低すぎる ⇒	自分では何もしなくなる 自己中心的になる

エゴグラムは形によって243の型に分類できます。そのうちの8つの基本パターンを紹介します。どのパターンにもよい面と悪い面があります。エゴグラムは年齢や発達段階，実施した時の心の状態などによっても変化します。

また，5つの心の状態には次のような関係があり，バランスは変えることができます。

CP と NP はペア	NPを高くする ⇒ CPが低くなる CPを高くする ⇒ NPが低くなる
FC と AC はペア	ACを高くする ⇒ FCが低くなる FCを高くする ⇒ ACが低くなる
A	Aを高くする ⇒ 自分を変えやすくなる

じぶん&こころ まなぶBOOK

実 習

1. 次の質問について，はい＝2，どちらでもない＝1，いいえ＝0を [ ] 内に記入し，縦に合計してください。「どちらでもない」が少ないほどはっきりしたグラフができます。

#	質問	A	B	C	D	E
1.	間違ったことに対して，間違いだとはっきり言う。	[ ]				
2.	思いやりがある。		[ ]			
3.	何が問題の中心か考える。			[ ]		
4.	してみたいことがいっぱいある。				[ ]	
5.	人の気持ちに合わせてしまう。					[ ]
6.	気分転換が上手だ。				[ ]	
7.	人をほめるのが上手だ。		[ ]			
8.	時間を守らないことは嫌いだ。	[ ]				
9.	物事を事実に基づいて考える。			[ ]		
10.	人前に出るより，後ろに引っ込んでしまう。					[ ]
11.	人の話をよく聞いてあげることが多い。		[ ]			
12.	よく後悔する。					[ ]
13.	規則やルールを守る。	[ ]				
14.	よく笑う。				[ ]	
15.	なぜそうなるのか，理由を考える。			[ ]		
16.	相手の顔色を見てどうするかを決める。					[ ]
17.	いろいろなものに興味がある。				[ ]	
18.	悪い結果の原因を厳しく追及する。	[ ]				
19.	筋道を立てて考える。			[ ]		
20.	人の気持ちを考える。		[ ]			
21.	新聞やテレビのニュースに関心がある。			[ ]		
22.	ちょっとした贈り物でもしたい。		[ ]			
23.	不愉快なことがあっても口に出さない。					[ ]
24.	「〜すべきである」「〜ねばならない」とよく言う。	[ ]				
25.	物事を前向きに考える。				[ ]	
26.	人の失敗を許す。		[ ]			
27.	人によく思われようと振る舞う。					[ ]
28.	決めたことは最後まで守らないと気がすまない。	[ ]				
29.	ユーモアがある。				[ ]	
30.	結末を予想して，準備をする。			[ ]		
31.	お金を借りたら期限までに返さないと気になる。	[ ]				
32.	人の意見や行動に合わせることができる。					[ ]
33.	新しいことが好きだ。				[ ]	
34.	物事を落ち着いて判断する。			[ ]		
35.	人の世話をするのが好きだ。		[ ]			
36.	すぐ遠慮してしまう。					[ ]
37.	わからないときはわかるまで考える。			[ ]		
38.	約束を破らない。	[ ]				
39.	自分からあいさつする。		[ ]			
40.	楽しいことを空想するのが好きだ。				[ ]	

* ワーク04：交流分析エゴグラム *

		CP	NP	A	FC	AC
41.	日記をつけたり生活の予定を記録する。			[ ]		
42.	子供や年下の人を可愛がる。		[ ]			
43.	趣味がたくさんある。				[ ]	
44.	正しくないことは放っておけない。	[ ]				
45.	周りの人の意見に振り回される。					[ ]
46.	「すごい」「わあー」などの言葉をよく使う。				[ ]	
47.	無責任な人を見ると許せない。	[ ]				
48.	悪くもないのにすぐ謝る。					[ ]
49.	他の人ならどうするだろうかと考える。			[ ]		
50.	困っている人を見ると何とかしてあげたくなる。		[ ]			
合計						

2. CP・NP・A・FC・ACの各合計を，下のグラフにポイントし，折れ線グラフを作ってください。

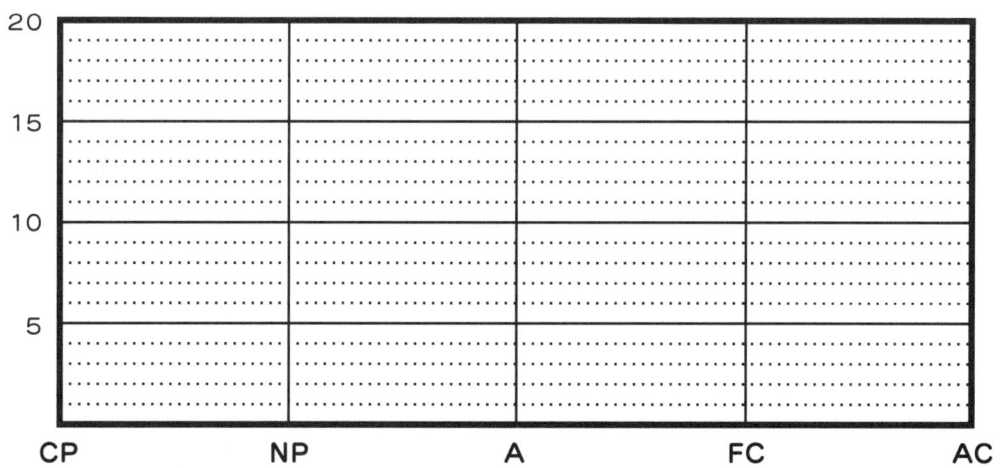

* 質問紙によるエゴグラム *

3. 次ページの【エゴグラムの8つの基本のかたち】を参考に，あなたは何タイプか見てください。
   もちろん，8つのパターンに該当しない人もいます。自分の高いところ，低いところをみましょう。

4. あなたがなりたい理想の基本型を選び，上のグラフに重ねて，色付きのペンなどで書き込みます。そして，理想の型になるためには，どの項目を上げればよいか，下記に記入してください。
   上げたいこころ　【　　　　　　　】【　　　　　　　】【　　　　　　　】

＊ エゴグラムの８つの基本のかたち ＊

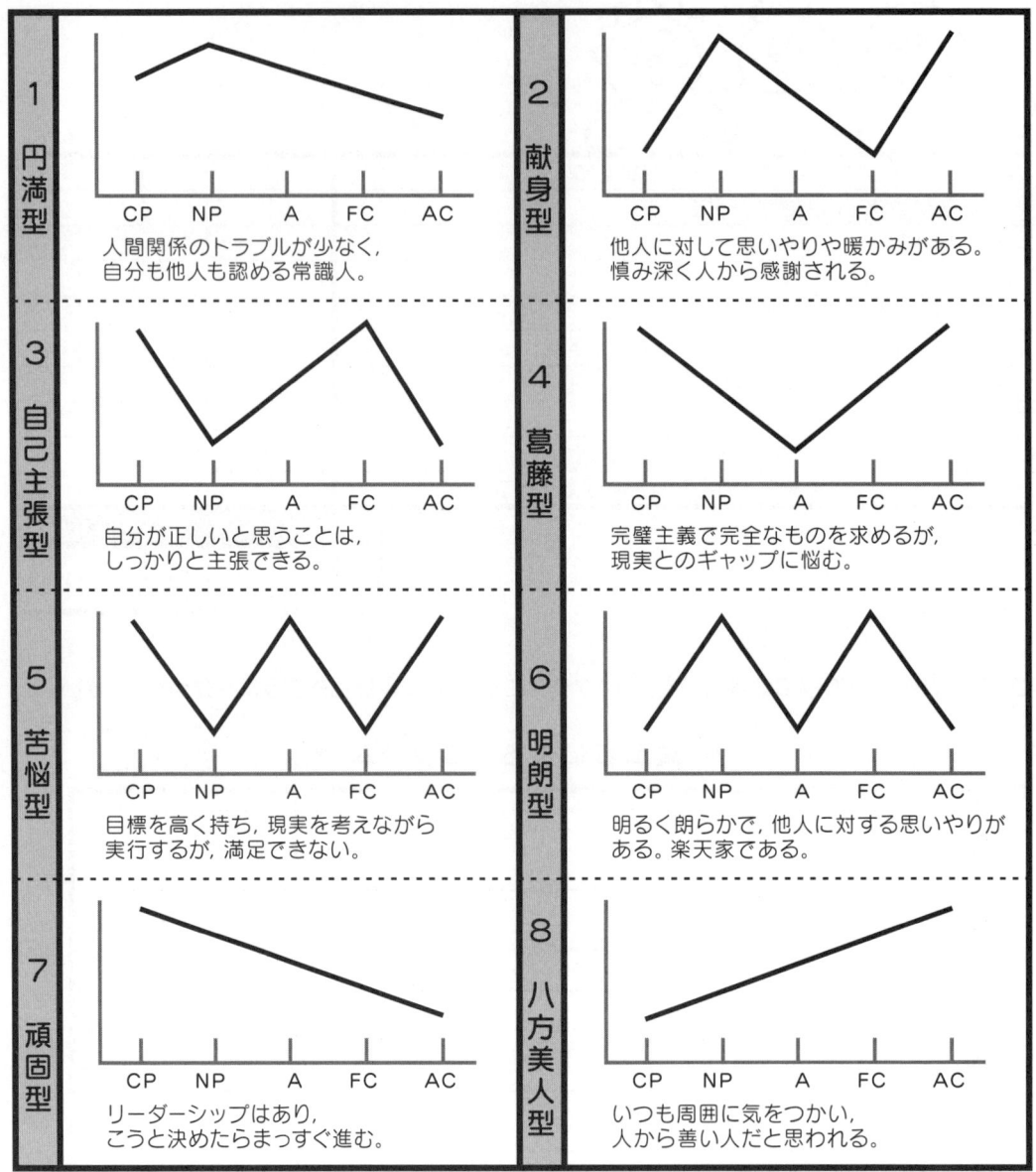

1 円満型	人間関係のトラブルが少なく，自分も他人も認める常識人。
2 献身型	他人に対して思いやりや暖かみがある。慎み深く人から感謝される。
3 自己主張型	自分が正しいと思うことは，しっかりと主張できる。
4 葛藤型	完璧主義で完全なものを求めるが，現実とのギャップに悩む。
5 苦悩型	目標を高く持ち，現実を考えながら実行するが，満足できない。
6 明朗型	明るく朗らかで，他人に対する思いやりがある。楽天家である。
7 頑固型	リーダーシップはあり，こうと決めたらまっすぐ進む。
8 八方美人型	いつも周囲に気をつかい，人から善い人だと思われる。

振り返り

ワーク後の，あなたの気持ちや感じたことを書いて，あなたのこころを振り返ってみましょう。

* ワーク04：交流分析エゴグラム *

＊ こころの上げ方 ＊

低いこころを上げることは，比較的簡単です。あなたが上げたいこころの中で，今日からでもやれると思う方法をいくつでもチェックして，今日からやってみましょう。

CPの上げ方	□調子に乗って冗談を言うのをやめる。 □無駄なことを言わない。 □一度出した自分の意見を引っ込めない。 □約束の時間を守る。 □相手が約束を破ったら，必ず理由を聞く。 □お金の貸し借りはしない。 □計画を立てて，その通りに実行する。 □物に向かって怒りの言葉を言う。	□自分の考えをはっきり言う。 □決めたことを最後まできちんとやる。 □目標を少し上げる。 □自分の年齢や立場にふさわしい言動をする。 □相手が間違っていることははっきり言って怒る。 □今日できることは，今日の内にすませる。 □曖昧なことはやめ，自分の責任でどちらか決める。 □好き嫌いをはっきり言う。
NPの上げ方	□小さな子どもの世話をする。 □他人に小さな親切をする。 □人の良い所を見つけてほめる。 □人の失敗や欠点を責めない。 □世話役を自分から進んで引き受ける。 □相手の気持ちを考える。 □自分からあいさつする。 □困っている人を見たら，進んで助ける。 □相手の欠点を長所に置き換えて考える。	□相手の嫌な面は無視する。 □小さな贈り物をしたり優しい言葉をかけたりする。 □相手のためになることを探して実行する。 □小さな動物や草花などを育てる。 □悲しい話の本を読む。 □事件の被害者の立場を想像する。 □ぬいぐるみを抱きしめる。 □悲しい映画を見て涙を流す。 □電車やバスで席を譲る。
Aの上げ方	□ニュース番組を見る。 □新聞の社説を読む。 □日記を書く。 □小遣い帳をつける。 □チェスや囲碁を覚える。 □言いたいことを文章にする。 □他の人ならどうするか考える。 □納得するまで承知しない。 □評論や説明文を読む。	□計画を立てて行動する。 □いつも理由を考える。 □人の話を一度疑う。 □毎日自分の行動を反省する。 □結果を予測する。 □新しいものごとに興味を持つ。 □興奮したり混乱した時にゆっくり1から10まで数える。 □接続詞を使って話したり書いたりする。 □物を買う時，いろいろ調べてから買う。
FCの上げ方	□マンガを読む。 □バラエティー番組を見る。 □人の顔を見て，似た動物を想像する。 □頭を傾けて違った角度からものを見る。 □占いに興味を持つ。 □スポーツを楽しむ。 □芸術に親しむ。 □気分転換して楽しいことを空想する。 □新しいことに挑戦する。 □自分から進んで仲間に入る。	□感情を表す言葉を口に出して言う。 □短く楽しい空想を楽しむ。 □冗談を言って人を笑わせる。 □小さい子どもと一緒に遊ぶ。 □遊びの時間を増やす。 □鏡を見ていろいろおもしろい顔をする。 □行ったことのない道を歩いてみる。 □身振り手振りを大げさにして話す。 □声を出して笑う。 □思い切って人に物を頼む。
ACの上げ方	□家族の見ている番組を一緒に見る。 □相手の話を口を挟まず最後まで聞く。 □主人公の気持ちになりきる。 □相手のことを先にする。 □相手がどう感じているかを考える。 □自分の意見を言わないで相手に合わせる。 □相手の言うことに口ごたえしない。	□「すみません」という言葉を多く使う。 □言いたいことの半分だけ言う。 □相手の許可を得る。 □文句を言わずに言われた通りしてみる。 □「しかし」という接続詞を使わない。 □小さい頃に親から叱られたことを思い出す。 □電車やバスで席が空いていても座らない。 □自分が話す時間より相手の話を聞く時間を増やす。

引用文献　芦原　睦　1998　『エゴグラム ―あなたの心には5人の家族が住んでいる』　扶桑社
　　　　　桂　戴作ほか　1984　『交流分析入門』　チーム医療
　　　　　西村宣幸　2008　『コミュニケーションスキルが身に付くレクチャー＆ワークシート』　学事出版
　　　　　柴崎武宏　2004　『自分が変わる・生徒が変わる交流分析』　学事出版
　　　　　杉田峰康　1983　『人生ドラマの自己分析』　創元社

自己を見る
―自己評価―

> 基礎知識

自分に対する自身の評価を自己評価といいます。自己評価は発達的にはかなり早期からの生活経験の中で徐々に形作られてきたもので，対人関係や社会体験の影響を深く受けています。どのような自己評価を持つかによって，社会生活への適応が違ってきます。

梶田（1988）は，自己評価の特性を次の4つの側面に分けています。
① [基底感覚]　さまざまな自己評価感覚や，意識・態度をもっとも基底において支えている基盤的な感情や感覚（自尊心，誇り，自己愛，など）。
② [比較対照]　自分の周囲にいる人や自分の内面で想定した人と，暗黙のうちに比較対照することで成立した自己評価的感覚や意識（優越感，劣等感，など）。
③ [欲求水準]　自分自身についての要求水準や，理想的自己のイメージに照らして自分の現状を見ることで成立した自己評価的感覚や意識（自己受容や自己満足，自己不信や自己への絶望，など）。
④ [行動特性]　自己評価的な感覚や意識の外的な現れとしての態度や行動特性（積極性，自立性，自由奔放，また，消極性，引っ込み思案，依頼心，など）。

自己評価は，単に「高いから良い」「低いから悪い」というものではありません。自己評価の質によって，私たちにとっての意味が違ってきます。
表1にどのような基盤から形成されたかによって異なる特性を，高い自己評価と低い自己評価に分けてまとめました。

表1　自己評価の高さと質

自己評価	客観的で他者からの評価と一致	主観的で他者からの評価と不一致
高い	自信に満ちて，安定している。 他者に対しても肯定的・親和的。	過大評価。非現実的な万能感。 願望的で自己愛にしがみつく。 他者に対して否定的。
低い	自信はないが，建設的方向につながりやすい。 他者に対して，肯定的。	過小評価。欠点にとらわれる。自虐的。 対人恐怖的。嫉みなどをもちやすい。

このように，客観的にいろいろな情報をもとに形成された自己評価は，他者からの評価と一致しやすく，仮に低くても，自分の欠点をも含んでの自己受容へとつながる可能性をもち，適応的に作用します。しかし，反対に高くても，自己の内閉した世界で築き上げられた自己評価は，不適応的に作用してしまいます。

* ワーク 05：自己を見る ―自己評価― *

実 習 ＊自己評価チェックリスト＊

自己評価チェックリスト1には，自分の現在の状態を思い浮かべて，各質問に対して「とてもそう思う」「そう思う」「どちらでもない」「そう思わない」「まったくそう思わない」のうち，あてはまると思うものに○をつけてください。

自己評価チェックリスト1

	とてもそう思う	そう思う	どちらでもない	そう思わない	まったくそう思わない
＊ 1. 生まれかわれたら別の人間になりたい。					
2. 自分は人から頼りにされている。					
3. 自分には人よりすぐれたところがある。					
＊ 4. 人に批判されるとすぐに納得してしまう。					
＊ 5. 失敗すると自分のせいだと思う。					
＊ 6. 人からの評価が気になる。					
7. 自分は主体的に行動することができる。					
＊ 8. 人の目が気になってしまうことがある。					
＊ 9. 自分がイヤになることがある。					
10. 人からバカにされることが我慢できない。					
11. 自分に自信がある。					
＊12. 人の意見が気になって決断できない。					
＊13. 自分には思い出したくない面がある。					
＊14. リーダー的役割は負担である。					
＊15. 他の人をうらやましく思うことがある。					
16. 人とうまくつきあえるほうである。					
17. 今の自分に満足している。					
18. 話の聞き手よりも話し手になるほうが多い。					
19. 自分は努力すれば向上することができる。					
20. 自分は人の役に立つことができる人間だと思う。					
＊21. 「このままではいけない」と思うことがある。					
＊22. 人から嫌われるのではないかと心配だ。					
23. 自分には個性があると思う。					
24. 人前に出ても平気でいられる。					

自己評価チェックリストⅡには，自分の理想像を思い浮かべて，Ⅰと同じ要領でおこなうか，または，あなたをよく知っている家族や友だちに，ありのままの現実のあなたについてつけてもらってください。要領は前ページと同じです。

自己評価チェックリストⅡ

とてもそう思う / そう思う / どちらでもない / そう思わない / まったくそう思わない

* 1. 生まれかわれたら別の人間になりたい。
  2. 自分は人から頼りにされている。
  3. 自分には人よりすぐれたところがある。
* 4. 人に批判されるとすぐに納得してしまう。
* 5. 失敗すると自分のせいだと思う。
* 6. 人からの評価が気になる。
  7. 自分は主体的に行動することができる。
* 8. 人の目が気になってしまうことがある。
* 9. 自分がイヤになることがある。
  10. 人からバカにされることが我慢できない。
  11. 自分に自信がある。
* 12. 人の意見が気になって決断できない。
* 13. 自分には思い出したくない面がある。
* 14. リーダー的役割は負担である。
* 15. 他の人をうらやましく思うことがある。
  16. 人とうまくつきあえるほうである。
  17. 今の自分に満足している。
  18. 話の聞き手よりも話し手になるほうが多い。
  19. 自分は努力すれば向上することができる。
  20. 自分は人の役に立つことができる人間だと思う。
* 21. 「このままではいけない」と思うことがある。
* 22. 人から嫌われるのではないかと心配だ。
  23. 自分には個性があると思う。
  24. 人前に出ても平気でいられる。

結果の解説とふりかえり

（1）質問項目番号が奇数のものと，偶数のものとを別々に集計します。「とてもそう思う」に○がついているものを5点，「そう思う」が4点，以下3点，2点で，「まったくそう思わない」が1点として集計します。ただし，*印がついているものは，逆転項目といって得点の配分を「まったくそう思わない」5点から，「とてもそう思う」1点まで逆に集計してください。

（2）（1）の作業を現実自己・理想自己または他者評価のそれぞれについておこないます。

（3）質問項目番号が奇数のものの結果は自己のあり方の領域に関連する項目で，偶数のものは対人関係の領域に関連する項目です。それぞれ表2へ結果を記入してください。

表2　自己評価チェックリストの結果

	領域	現実自己Ⅰ	理想自己 他者評価	平均値	差	検討の目安
奇数の合計	自己のあり方			31.0		±5
偶数の合計	対人関係			33.2		±5
	合計			64.3		±10

（4）現実自己評価の平均値は，自己のあり方31.0，対人関係33.2，合計64.3です。それを基準に，自己のあり方と対人関係は±5，合計は±10の差を検討の目安にしてください。

（5）理想自己または他者評価は，平均値とではなく，現実自己Ⅰとの差を出して，検討の目安の範囲内かを見ます。

振り返り

ワーク後の，あなたの気持ちや感じたことを書いて，あなたのこころを振り返ってみましょう。

現実自己評価に関して，合計，領域別に検討してみよう。

同様の方法をもとに，現実自己評価と理想自己評価，他者評価との比較をしてみよう。

◎わかったこと，気づいたこと

引用文献　梶田叡一　1988　『自己意識の心理学（第2版）』　東京大学出版会
　　　　　川瀬正裕・松本真理子　1993　『自分さがしの心理学』　ナカニシヤ出版

❷セルフケア ワーク06 自己表現
―アサーション―

> 基礎知識

あなたは，自己表現が得意ですか？周りの人に上手に気持ちを伝えることができていますか？日常の対人関係の中で，言いたいことを我慢したり，あるいはつい感情的になって言い過ぎたり，周りの反応を気にしすぎるあまり言うべきことも抑えてしまったり・・・。

しかし，仲のいい友だち同士の間でも，こんなことを言ったら嫌われるんじゃないか，空気が読めないやつだと思われはしないか，などと考えすぎて，会話がおっくうになったりしているという話をよく聞きます。だからと言って，ただ自分の意見をはっきり言えばそれでよいというわけではありません。たとえば，お隣の音楽や物音がうるさいと怒鳴りに行って喧嘩となり，逆にストレスになる場合だってあるでしょう。

対人関係の中でストレスをため込まないためには，単に自己主張するだけでなく，問題が生じないように，自分の気持ちと相手の気持ちを尊重した言動が必要になります。
その方法の1つが，アサーションです。

アサーション（assertion）とは，一般には「主張」とか「断言」と訳されていますが，単に自己主張することではなく，自分の行動に自信と責任をもつこと，さらには表現の裏にある価値観や信念についても検討する意味をも含んだことばです。その背景も含めて日本語に置き換えるなら「相互尊重の自己表現」という訳が適切だと考えます。

このワークでは，あなたの自己表現の傾向について検討し，よりよいアサーションの行い方について考えてみましょう。

たとえば，夜遅くに友達から電話がかかってきたとします。その友達は暇なのか，その日あった出来事について長々と話し始めました。あなたはもう眠くてたまりません・・・。
さて，あなたはどうしますか？普段のあなたの行動にチェックを入れてみてください。

☐（1）少しくらい眠くても友達の気が済むまで話につき合う。

☐（2）「そんなことでこんな遅い時間に電話なんかしてこないで」と言って，
　　　こちらから電話を切る。

☐（3）「悪いんだけど私今日は眠いので，明日にしてもらえないかな」と言う。

※ ワーク06：自己表現 ―アサーション― ※

（1）のように相手のことを優先している人を**非主張的**(Non Assertive)といいます。
このタイプの人は相手の気持ちを大切にする優しい人かもしれませんが，相手に嫌われることを恐れたり，相手に逆らうことを悪いことだと思い込んで，自分を犠牲にしている可能性があります。

（2）のように自分のことしか考えない人を**攻撃的**(Aggressive)といいます。
これには無視や無礼などの間接的攻撃も含まれます。自己主張はできていますが，これでは相手を怒らせ，トラブルになってしまいます。この攻撃的なタイプには，非主張的な人が限界を来した場合と，元来勝ち負けにこだわる性格の場合が考えられます。

（3）のように自分も相手も大切にする人を**アサーティブ**(Assertive)といいます。
アサーティブとは率直に自己表現すると共に相手の権利も尊重することです。ただし，アサーションすることによって相手との葛藤が必ずしも避けられるわけではありません。自分に正直になることは相手の考えとの違いを明らかにすることですから，当然解決への努力が必要となります。大切なことはもめごとを避けることではなく，お互いが歩み寄ろうとすることであり，その結果と自分に責任をとることです。

実習　＊アサーティブ・チェックリスト＊

各項目に対して最近のあなたの行動を思い描きながら、
「かなりそうである」から「まったくそうでない」のうちで
あてはまるものに○をつけてください。

	かなりそうである	ややそうである	あまりそうでない	まったくそうでない
1. 私は欠陥商品を買わされたことに気づいたら、店にそれを返す。	4	3	2	1
2. 私は大勢の前で気軽に大きな声で話すことができる。	4	3	2	1
3. 私は親しくなりたい人に率先して働きかける。	4	3	2	1
4. 私は一度決心したことは最後までやり通す。	4	3	2	1
5. 私は自分を頼りなく感じたとき、自分のよさを認め、できるだけ安心した行動をするよう努める。	4	3	2	1
6. 私は友人が私の信頼を裏切ったとき、私はその人に私がどう感じているかを伝える。	4	3	2	1
7. 私はレストランで出された食事が注文した通りでなかったとき、係の人に苦情を言う。	4	3	2	1
8. 私は年輩でまわりから尊敬されている人の意見でも、強く反対できるときは自分の考えをはっきり言う。	4	3	2	1
9. 私は何かで成功したことをちゅうちょなく話せる。	4	3	2	1
10. 私は誰かが私を批判したとき、言い訳などしないで率直に批判に耳を傾ける。	4	3	2	1
11. 私は人があるものを借りたいと言ってきたとき、本当はそうしたくなければ断る。	4	3	2	1
12. 私は喜怒哀楽をこだわることなく表す。	4	3	2	1
13. 私は相手が理不尽な要求をしてきたとき、それに抵抗を示す。	4	3	2	1
14. 私はある人が私をねたんでいると告げたとき、罪悪感や言い訳の気持ちを感じないで、その人のありのままを受け止められる。	4	3	2	1
15. 私は何でも話し合える親友がいる。	4	3	2	1

* ワーク06：自己表現 ―アサーション― *

	かなりそうである	ややそうである	あまりそうでない	まったくそうでない

16. 私は自分の過ちをすぐに認める。　　　　　　　　　　　　　4　3　2　1
17. 私がたいへん疲れている時，
　　家人がどうしても友人をつれてきて夕食をごちそうしたいと言ったら，
　　自分の気持ちをオープンに話し，何か他にうまい方法はないか相談する。　4　3　2　1
18. 私は列に並んでいる私の前に誰かが割り込もうとしたら抗議する。　4　3　2　1
19. 私はもし店員が商品を見せるのに
　　かなり手間をかけるようであったら「けっこうです」と
　　言うことができる。　　　　　　　　　　　　　　　　　　　4　3　2　1
20. 私はとある話題について討論し，彼らと意見が異なる際，
　　彼らにその相違点をはっきり主張する。　　　　　　　　　　4　3　2　1
21. 私は人におせじを言ったり，ほめたりすることができる。　　4　3　2　1
22. 私は自分の行為に対していかなる場合でも責任がとれる。　　4　3　2　1
23. 私は友人に他の人と一緒に招かれ，本当は行きたくない時，
　　その招きを断る。　　　　　　　　　　　　　　　　　　　　4　3　2　1
24. 私は不公平に扱われたら異議をとなえる。　　　　　　　　　4　3　2　1
25. 私は給与が不当に低い場合，増額をとなえる。　　　　　　　4　3　2　1
26. 私はお金持ちや高学歴者や有名人の中にいても，
　　自分らしくふるまうことができる。　　　　　　　　　　　　4　3　2　1
27. 私は必要とあらば，他人に助けを求めることができる。　　　4　3　2　1
28. 私は他人の感情を傷つけないようにいつも細心の注意をはらう。4　3　2　1
29. 私は友人が電話をかけてきて，あまりに長引くようなとき，
　　要領よく会話を打ち切ることができる。　　　　　　　　　　4　3　2　1
30. 私は誰かいやなことをされたとき，やめてくれるように頼む。4　3　2　1

結果の解説とふりかえり

採点：1（まったくそうでない）＝1点，2（あまりそうでない）＝2点，3（ややそうである）＝3点，4（かなりそうである）＝4点として算定表（表1）に記入し，各行の合計点を右端の合計欄に記入します。次にA〜Fの各々の得点をグラフ（表2）に記入し，折れ線グラフを完成させます。それがあなたのアサーション・プロフィールです。

表1　結果の算定表

A	1	7	13	19	25	計
B	2	8	14	20	26	計
C	3	9	15	21	27	計
D	4	10	16	22	28	計
E	5	11	17	23	29	計
F	6	12	18	24	30	計

A〜Fの各尺度の意味

A：**正当な権利主張**。この項目の得点が高い人は，自分が幸せになるために必要な権利を遠慮することなく主張できるタイプです。一方，低得点の人は，自分が幸せになる権利を放棄しているお人よしタイプの人です。

B：**自己信頼**。この項目の得点が高い人は，人生その時々の状況を楽しく過ごそうとする自己肯定的な人です。一方，低得点の人は，自分の言動にケチをつけたがる自己否定的な人です。

C：**自己開示**。この項目の得点が高い人は，ざっくばらんな人柄で，ホンネの話ができる人です。一方，低得点の人は，建前の話が多く，人間らしい触れ合いが生まれにくい人です。

D：**受容性**。この項目の得点が高い人は，前向きな生き方のできる人です。一方，低得点の人は，不満を抱えて自己嫌悪に陥る人です。

E：**断る力**。この項目の得点が高い人は，独立独歩のスタンスのもち主です。一方，低得点の人は，他者の責任まで自分で引き受けてしまうイエスマンです。

F：**対決**。この項目の得点が高い人は，対立場面でも喧嘩の構造に巻き込まれることなくさわやかに自分の感情表現ができる人です。一方，低得点の人は，勝ち負けにこだわるあまり，自分や相手を必要以上に傷つける人です。

このプロフィールを見るにあたっては，他者との比較ではなく，自分の中の差異として偏りや自己の盲点に気づくことが大切です。

＊ ワーク06：自己表現 ―アサーション― ＊

表2　アサーティブ・チェックリスト・グラフ

項目内容	A	B	C	D	E	F
項目	正当な 権利主張	自己信頼	自己開示	受容性	断る力	対決
得点						

（グラフ目盛り：0, 2, 4, 6, 8, 10, 12, 14, 16, 18, 20）

振り返り

ワーク後の，あなたの気持ちや感じたことを書いて，あなたのこころを振り返ってみましょう。

あなたの結果はどうでしたか。

日頃感じている自分自身のアサーション・スタイルや人からの評価と
照らしてみましょう。

引用文献　菅沼憲治　1989　『アサーティブ＝チェックリスト　青年心理』　金子書房
　　　　　川瀬正裕・松本真理子　1993　『自分さがしの心理学』　ナカニシヤ出版

EQチェック

EQってなに？

EQ（Emotional Quotient：原文は emotional intelligence）は，比較的新しい概念のため，定義はいまだはっきりとしていません。

近年，EQが注目されるようになった理由として，「人生における成功は，IQ（Intelligence Quotient）では測りきれない能力によって左右されているのでは？」という疑問や，「こころの知性が高い人は，対人関係も仕事も潤滑で，結果として成功する」という考えが広まったことに拠ります。

EQは，アメリカの心理学者ゴールマンの「EQ〜こころの知能指数」（1996）の中で，一般的に「自己と他者の感情を理解し，自らをモチベートしながら，自己の感情と他の人たちとの諸関係を効果的にマネジメントする能力の指標」と定義されています。以来，いわゆるIQ＝知能指数に対して，EQ＝こころの知能指数の重要性が強調されるようになりました。ゴールマンは，さらに人間にとって最も重要な能力とは何かを追求し，2007年に新しく「生き方の知能指数＝SQ」を発表しました。

元々，SQという言葉は，同じアメリカの心理学者ソーンダイクが1920年頃に提唱したもので，人間の知能の3タイプのうち，（1）抽象的知能（学校での勉強に必要な知能），（2）機械的知能（メカニズムを理解するのに必要な知能）を十分に活かすのが，（3）社会的知能＝SQ（良い人間関係をつくるのに必要な知能）の働きであるとしました。このSQを，ゴールマンが再定義したと考えられています。

また，日本のEQ研究においては，内山喜久雄（1997）が，自分の感情に気付きそれをコントロールしたり自己を高めようとする「対自己EQ」6因子，他者が抱いている感情に気付き他者とうまくやっていくための「対他者EQ」4因子をあげており，ゴールマンの分類と共通する部分が多くあります。

最近注目されているポジティブ心理学者のデイビットソンは，「自分を変えていくには，脳を上手に使って眠っている『6つの力』を伸ばすことが重要である。」（2013）と述べており，この脳の持つ6つの力はEQやSQとほぼ同義と考えられます。訳者の茂木健一郎（2013）は，「人間が生きて行く上で重要な社会性を身に付け，よりよい人間関係を築くことと同様に，自分自身のこころの状態が安定し，前向きであるようにコントロールすることが重要である。」と述べています。

こころの知能にも，いろんなアプローチがあります。まずは，あなたのこころの中のバランスを測ることで，自分のこころの特徴や今の状態を知ることから始めてみましょう。

ワーク07：EQチェック

実　習

あなたの EQ はどんな感じ？

	非常に当てはまる	やや当てはまる	どちらともいえない	やや当てはまらない	全く当てはまらない
1. 物事は優先順位をつけてテキパキと片づける。	5	4	3	2	1
2. 自分の感情がわからなくなる時がある。	5	4	3	2	1
3. 何事もやるときはやる，とメリハリをつけている。	5	4	3	2	1
4. 失敗しても，いい経験をしたとすぐに立ち直ることができる。	5	4	3	2	1
5. 日課はいったん決めたら最後までやりとおすことにしている。	5	4	3	2	1
6. 失敗しても表情に出さず，平静でいられる。	5	4	3	2	1
7. 困っている人をみると，すぐ助けたくなる。	5	4	3	2	1
8. 映画やドラマの登場人物の気持ちが良くわかる。	5	4	3	2	1
9. 年下の人とも対等に付き合おうとする。	5	4	3	2	1
10. 人から相談を持ちかけられることが多い。	5	4	3	2	1
11. 常に自分にできることは何かを気にかけるようにしている。	5	4	3	2	1
12. 自己嫌悪におちいることがある。	5	4	3	2	1
13. 情けや義理のお付き合いでも，人の言いなりにはならない。	5	4	3	2	1
14. 努力は必ず報われると思う。	5	4	3	2	1
15. 自分は根気がある方だと思う。	5	4	3	2	1
16. 感情的にならないよう，常に心がけている。	5	4	3	2	1
17. ボランティア活動には，積極的に参加したい。	5	4	3	2	1
18. 周りの人から感情的な影響を受けやすい方だ。	5	4	3	2	1
19. 単なる八方美人ではなく，誰とでも付き合える。	5	4	3	2	1
20. 多くの人は，私に気楽に心を開いてくれる。	5	4	3	2	1
21. 行き詰まった時，まず何をすべきかを考えることができる。	5	4	3	2	1
22. 自分の長所も短所もかなり把握している。	5	4	3	2	1
23. 後輩にテキパキと指示を下すことができる。	5	4	3	2	1
24. 自分の専門の勉強に心から打ち込んでいる。	5	4	3	2	1
25. たいていのことはうまくいきそうな気がする。	5	4	3	2	1
26. 目標には最後まで食い下がっていくのが私のとりえだ。	5	4	3	2	1
27. 何事も相手の立場に立って考えるようにしている。	5	4	3	2	1
28. 相手の嫌がることは口に出さない。	5	4	3	2	1
29. 誰にでも喜んで手を貸してあげられる。	5	4	3	2	1
30. グループ研究などのまとめ役を任されることが多い。	5	4	3	2	1

実 習

あなたの EQ はどんな感じ？

	非常に当てはまる	やや当てはまる	どちらともいえない	やや当てはまらない	全く当てはまらない
31. ジョークなどでまわりの雰囲気を和やかにするのが得意だ。	5	4	3	2	1
32. 自分の弱点をかなり把握している。	5	4	3	2	1
33. ここぞという時には，きちんと発言する。	5	4	3	2	1
34. 他人にかっこわるいと言われても，一生懸命さを持ち続ける。	5	4	3	2	1
35. 何でもやっているうちに先が見えてくるものだ。	5	4	3	2	1
36. 気分がのらない時には，自分に喝（かつ）を入れることができる。	5	4	3	2	1
37. たとえどんな状況でも，相手を傷付けることはしたくない。	5	4	3	2	1
38. いつでも相手の話を聞く側にまわることが出来る。	5	4	3	2	1
39. みんなのためなら嫌なことでもやる気になれる。	5	4	3	2	1
40. 討論での自分への反対意見はその場だけのものと割り切れる。	5	4	3	2	1

EQ結果の出し方は，下記の採点表の1～10までの各尺度に，テスト項目の1の位が同じ数字の4項目を合計します。例：1）スマートさの場合，番号1，11，21，31の合計点，最高は20点となります。

質問紙および採点表の大学生平均値は，山口（1999）を引用しています。

あなたの「EQ＝こころの知能指数」の得点は、大学生の平均と比べてどうでしょうか？

種別	尺度	結果	大学生平均	尺度解説
対自己EQ 自己の感情に気付き，それをコントロールする力	1. スマートさ (1,11,21,31 の合計)		13.2	臨機応変な頭の切り替えができる。
	2. 自己洞察 (2,12,22,32 の合計)		14.1	自己の感情を察知できる。自己理解をしようとしている。
	3. 主体的決断 (3,13,23,33 の合計)		13.2	状況を判断した上で，自ら的確な判断が出来る。
	4. 自己動機づけ (4,14,24,34 の合計)		13.3	粘り強さと熱意をもっている。
	5. 楽観性 (5,15,25,35 の合計)		13.2	楽観的な見通しと根気を持っている。
	6. 自己コントロール (6,16,26,36 の合計)		11.9	感情を抑制する力，感情を高める力を持っている。
対他者EQ 他者の感情に気付き，周りとうまくやっていく力	7. 愛他心 (7,17,27,37 の合計)		13.7	他者のために思って行動できる。
	8. 共感的理解 (8,18,28,38 の合計)		14.1	他者の喜びや悲しみを心から理解できる。
	9. 社会的スキル (9,19,29,39 の合計)		13.2	社会生活上のルールをわきまえている。
	10. 社会的デフトネス (10,20,30,40 の合計)		12.6	周囲とうまくやっていく術を持っている。

* ワーク07：EQチェック *

各項目の数字を下記のグラフのスケールにポイントし，点をつないで自分のEQチャートを作成してみましょう。自分の長所はさらに伸ばし，欠点を補うように努める。それが，前向きな人生をおくるための秘訣かも知れません。

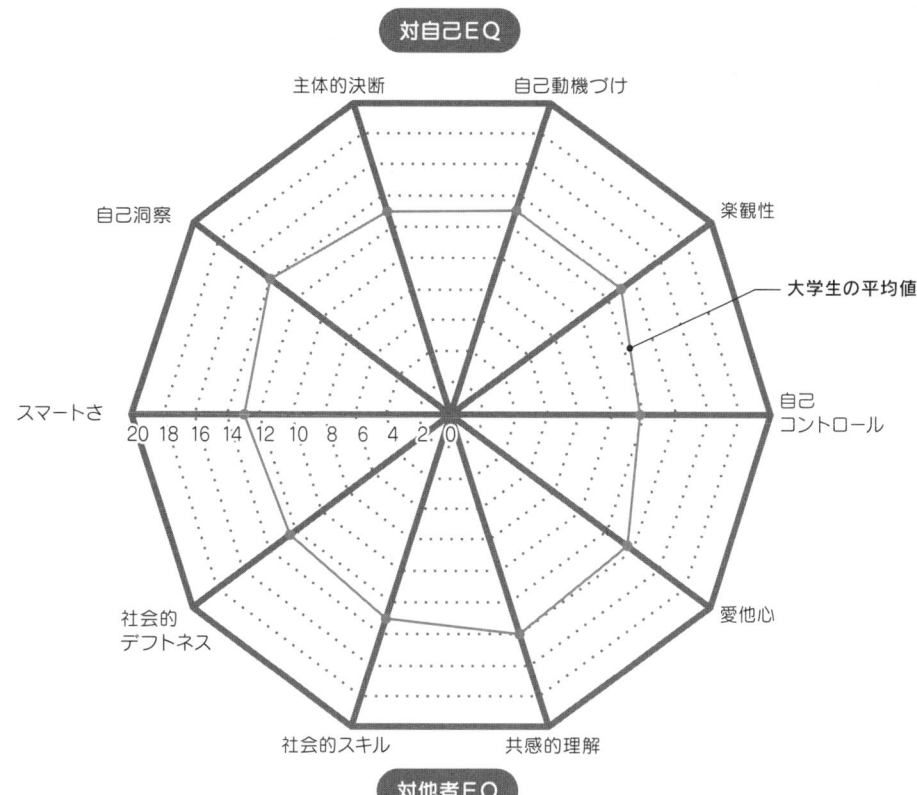

振り返り

ワーク後の，あなたの気持ちや感じたことを書いて，あなたのこころを振り返ってみましょう。

参考文献　ダニエル・ゴールマン　土屋京子訳　1996『EQ〜こころの知能指数』　講談社
　　　　　ダニエル・ゴールマン　土屋京子訳　2007　『SQ〜生き方の知能指数』　講談社
　　　　　大村政男　1997　『ズバリ診断！EQテスト―「こころの知能指数」が見えてくる』　現代書林
　　　　　リチャード・J．デビッドソン　シャロン・ベグリー　茂木健一郎訳　2013　『脳には自分を変える「6つの力」がある』　三笠書房
　　　　　内山喜久雄　1997　『EQ，その潜在力の伸ばし方』　講談社
　　　　　山口美和　1999　『大学生の『EQ―こころの知能指数―』に関する研究』　常葉学園大学研究論文
　　　　　（Harmony美和のページ掲載）

自分のとっておきの強みを探そう

基礎知識

あなたは，自分の弱みを知っていますか？弱みは分かりやすいですね。では，強みはどうでしょうか？これだけは誰にも負けない，自分が誇りに思える，アイデンティティを支えていると確かな感覚を持てるものがありますか？

ここで紹介するのは，ポジティブ心理学の第一人者であるクリストファー・ピーターソン博士とマーティン・セリグマン博士が開発した，VIA（強み診断テスト）のダイジェスト版です。

強み診断テストは，以下に述べられる24種類の強みについてそれぞれの項目の質問に答えることで，どれがあなたにとってのいちばんの強みであるかを判断することができます。

原著では，強みは6つの上位項目と24の徳性から成り立っており，そのうちの上位5つが「特徴的な強み（Signeture Strength）」とされています。ここでは，テスターがわかりやすく強みの分類と徳性をチャート化できるように，上位分類を8つに増やし，24徳性を均等に3つずつに揃えています。

設問は24徳性に各2問ずつ計48問です。24の徳性の中から，あなたの特徴的な強みを見つけて，学業や仕事，生活の中に活用することで，仕事の満足感や生活の充足感が向上するという研究結果も得られています。

ほんとうのしあわせとは，何でしょうか？しあわせの定義や価値観は人それぞれですが，自分なりのしあわせを得るための，あなたのたいせつなフィールドで，あなたならではの強みを活かしていくこと。これが，最良の人生を送るためのひとつの方法かもしれません。

まずは自分を理解し，人や社会と良好な関係を築き，内的にも外的にも充足感のあるしあわせな人生を送るために，強みの診断を行ってみましょう。

(注) 原著からの改編部分
1. 原著：「知恵と知識」
  改編：「知恵」と「知識」の2つの項目に分別。6つの徳性をそれぞれ，「知恵」＝本質的資質：好奇心，独創性，社会的・個人的知性「知識」＝学習的性質：学習，判断・批判，将来の見通しに分別。
2. 原著：「人間性と愛情」
  改編：思いやりと寛大さ，愛することと愛されることの2項目に，寛容さと慈悲深さを加え3項目に変更。
3. 原著：「精神性と超越性」
  改編：下位徳性7項目のうち，寛容さと慈悲深さを別項目に移動し，6項目に変更。
  「精神性」と「超越性」の2つの項目に分別。6つの徳性をそれぞれ，「精神性」＝内的性質：感謝の念，ユーモア，熱意「超越性」＝外的性質：審美眼，希望，精神性に分別。

* ワーク08：自分のとっておきの強みを探そう *

> **実 習**　次の二つの記述について，あなたにいちばん近いものを選び○をつけてください。

* 知恵 *

①好奇心と関心

(a) つねに世界に対する好奇心をもっている。
- □ とてもあてはまる ------------ 5点
- □ あてはまる ------------------ 4点
- □ どちらともいえない ---------- 3点
- □ あてはまらない -------------- 2点
- □ まったくあてはまらない ------ 1点

(b) すぐに退屈してしまう。
- □ とてもあてはまる ------------ 1点
- □ あてはまる ------------------ 2点
- □ どちらともいえない ---------- 3点
- □ あてはまらない -------------- 4点
- □ まったくあてはまらない ------ 5点

▼あなたの「好奇心」の得点：(a)＋(b)＝【　　点】

②独創性・創意工夫

(a) 新しいやり方を考えるのが好きだ。
- □ とてもあてはまる ------------ 5点
- □ あてはまる ------------------ 4点
- □ どちらともいえない ---------- 3点
- □ あてはまらない -------------- 2点
- □ まったくあてはまらない ------ 1点

(b) 友人のほとんどは，自分より想像力に富んでいる。
- □ とてもあてはまる ------------ 1点
- □ あてはまる ------------------ 2点
- □ どちらともいえない ---------- 3点
- □ あてはまらない -------------- 4点
- □ まったくあてはまらない ------ 5点

▼あなたの「独創性」の得点：(a)＋(b)＝【　　点】

③社会的知性・個人的知性

(a) どんな社会的状況でも適応することができる。
- □ とてもあてはまる ------------ 5点
- □ あてはまる ------------------ 4点
- □ どちらともいえない ---------- 3点
- □ あてはまらない -------------- 2点
- □ まったくあてはまらない ------ 1点

(b) 他の人が何を感じているかを察知するのはあまり得意ではない。
- □ とてもあてはまる ------------ 1点
- □ あてはまる ------------------ 2点
- □ どちらともいえない ---------- 3点
- □ あてはまらない -------------- 4点
- □ まったくあてはまらない ------ 5点

▼あなたの「社会的知性」の得点：(a)＋(b)＝【　　点】

* 知識 *

④学習意欲

(a) 何か新しいことを学ぶとわくわくする。
- □ とてもあてはまる ------------ 5点
- □ あてはまる ------------------ 4点
- □ どちらともいえない ---------- 3点
- □ あてはまらない -------------- 2点
- □ まったくあてはまらない ------ 1点

(b) わざわざ博物館や教育関連の施設などに出かけたりはしない。
- □ とてもあてはまる ------------ 1点
- □ あてはまる ------------------ 2点
- □ どちらともいえない ---------- 3点
- □ あてはまらない -------------- 4点
- □ まったくあてはまらない ------ 5点

▼あなたの「学習意欲」の得点：(a)＋(b)＝【　　点】

⑤判断力・批判的思考・偏見のなさ

(a) 話題に対して，きわめて理性的な考え方ができる。
- □ とてもあてはまる ------------ 5点
- □ あてはまる ------------------ 4点
- □ どちらともいえない ---------- 3点
- □ あてはまらない -------------- 2点
- □ まったくあてはまらない ------ 1点

(b) 即断する傾向にある。
- □ とてもあてはまる ------------ 1点
- □ あてはまる ------------------ 2点
- □ どちらともいえない ---------- 3点
- □ あてはまらない -------------- 4点
- □ まったくあてはまらない ------ 5点

▼あなたの「判断力」の得点：(a)＋(b)＝【　　点】

⑥将来の見通し

(a) つねに物事を見て全体像を理解することができる。
- □ とてもあてはまる ------------ 5点
- □ あてはまる ------------------ 4点
- □ どちらともいえない ---------- 3点
- □ あてはまらない -------------- 2点
- □ まったくあてはまらない ------ 1点

(b) 他人が自分にアドバイスを求めることはめったにない。
- □ とてもあてはまる ------------ 1点
- □ あてはまる ------------------ 2点
- □ どちらともいえない ---------- 3点
- □ あてはまらない -------------- 4点
- □ まったくあてはまらない ------ 5点

▼あなたの「将来の見通し」の得点：(a)＋(b)＝【　　点】

* 勇気 *

⑦武勇と勇敢さ

(a) 強い反対意見にも立ち向かうことがよくある。
- □ とてもあてはまる ------------ 5点
- □ あてはまる ------------------ 4点
- □ どちらともいえない ---------- 3点
- □ あてはまらない -------------- 2点
- □ まったくあてはまらない ------ 1点

(b) 苦痛や失望にくじけてしまうことがよくある。
- □ とてもあてはまる ------------ 1点
- □ あてはまる ------------------ 2点
- □ どちらともいえない ---------- 3点
- □ あてはまらない -------------- 4点
- □ まったくあてはまらない ------ 5点

▼あなたの「武勇」の得点：(a)+(b)=【　　　点】

⑧勤勉・粘り強さ・継続的努力

(a) やりはじめたことは必ずやり終える。
- □ とてもあてはまる ------------ 5点
- □ あてはまる ------------------ 4点
- □ どちらともいえない ---------- 3点
- □ あてはまらない -------------- 2点
- □ まったくあてはまらない ------ 1点

(b) 仕事中に横道にそれる。
- □ とてもあてはまる ------------ 1点
- □ あてはまる ------------------ 2点
- □ どちらともいえない ---------- 3点
- □ あてはまらない -------------- 4点
- □ まったくあてはまらない ------ 5点

▼あなたの「勤勉」の得点：(a)+(b)=【　　　点】

⑨誠実・純粋・正直

(a) 約束は必ず守る。
- □ とてもあてはまる ------------ 5点
- □ あてはまる ------------------ 4点
- □ どちらともいえない ---------- 3点
- □ あてはまらない -------------- 2点
- □ まったくあてはまらない ------ 1点

(b) 友だちから「地に足がついている」と言われたことがない。
- □ とてもあてはまる ------------ 1点
- □ あてはまる ------------------ 2点
- □ どちらともいえない ---------- 3点
- □ あてはまらない -------------- 4点
- □ まったくあてはまらない ------ 5点

▼あなたの「誠実」の得点：(a)+(b)=【　　　点】

* 人間性と愛情 *

⑩思いやりと寛大さ

(a) この一ヶ月間に自発的に身近な人の手助けをした。
- □ とてもあてはまる ------------ 5点
- □ あてはまる ------------------ 4点
- □ どちらともいえない ---------- 3点
- □ あてはまらない -------------- 2点
- □ まったくあてはまらない ------ 1点

(b) 他人の幸せに自分の幸せと同じくらい興奮することはめったにない。
- □ とてもあてはまる ------------ 1点
- □ あてはまる ------------------ 2点
- □ どちらともいえない ---------- 3点
- □ あてはまらない -------------- 4点
- □ まったくあてはまらない ------ 5点

▼あなたの「思いやり」の得点：(a)+(b)=【　　　点】

⑪愛することと愛されること

(a) 私には，自分のこと以上に，私の感情や健康を気づかってくれる人たちがいる。
- □ とてもあてはまる ------------ 5点
- □ あてはまる ------------------ 4点
- □ どちらともいえない ---------- 3点
- □ あてはまらない -------------- 2点
- □ まったくあてはまらない ------ 1点

(b) 他の人からの愛情をうまく受けいれられない。
- □ とてもあてはまる ------------ 1点
- □ あてはまる ------------------ 2点
- □ どちらともいえない ---------- 3点
- □ あてはまらない -------------- 4点
- □ まったくあてはまらない ------ 5点

▼あなたの「愛情」の得点：(a)+(b)=【　　　点】

⑫寛容さと慈悲深さ

(a) いつも過ぎたことは水に流す。
- □ とてもあてはまる ------------ 5点
- □ あてはまる ------------------ 4点
- □ どちらともいえない ---------- 3点
- □ あてはまらない -------------- 2点
- □ まったくあてはまらない ------ 1点

(b) いつも相手と五分五分になろうとする。
- □ とてもあてはまる ------------ 1点
- □ あてはまる ------------------ 2点
- □ どちらともいえない ---------- 3点
- □ あてはまらない -------------- 4点
- □ まったくあてはまらない ------ 5点

▼あなたの「寛容さ」の得点：(a)+(b)=【　　　点】

* ワーク08：自分のとっておきの強みを探そう *

* 正 義 *

⑬ 協調性・義務感・チームワーク・忠誠心

(a) グループの中にいるときが，
　　いちばん良い仕事ができる。
- ☐ とてもあてはまる ――――― 5点
- ☐ あてはまる ―――――――― 4点
- ☐ どちらともいえない ―――― 3点
- ☐ あてはまらない ――――――― 2点
- ☐ まったくあてはまらない ―― 1点

(b) 所属するグループの利益のために
　　自己の利益を犠牲にすることには抵抗がある。
- ☐ とてもあてはまる ――――― 1点
- ☐ あてはまる ―――――――― 2点
- ☐ どちらともいえない ―――― 3点
- ☐ あてはまらない ――――――― 4点
- ☐ まったくあてはまらない ―― 5点

▼あなたの「協調性」の得点：(a)＋(b)＝【　　点】

⑮ リーダーシップ

(a) 口うるさくすることなく，いつでも人びとに
　　共同で何かをさせることができる。
- ☐ とてもあてはまる ――――― 5点
- ☐ あてはまる ―――――――― 4点
- ☐ どちらともいえない ―――― 3点
- ☐ あてはまらない ――――――― 2点
- ☐ まったくあてはまらない ―― 1点

⑭ 公平さと公正さ

(a) その人がどんな人であろうと，
　　すべての人びとを公平にあつかう。
- ☐ とてもあてはまる ――――― 5点
- ☐ あてはまる ―――――――― 4点
- ☐ どちらともいえない ―――― 3点
- ☐ あてはまらない ――――――― 2点
- ☐ まったくあてはまらない ―― 1点

(b) 好ましく思わない人の場合，その人を公平に
　　あつかうことはむずかしい。
- ☐ とてもあてはまる ――――― 1点
- ☐ あてはまる ―――――――― 2点
- ☐ どちらともいえない ―――― 3点
- ☐ あてはまらない ――――――― 4点
- ☐ まったくあてはまらない ―― 5点

▼あなたの「公平さ」の得点：(a)＋(b)＝【　　点】

(b) グループ活動を企画するのはあまり得意ではない。
- ☐ とてもあてはまる ――――― 1点
- ☐ あてはまる ―――――――― 2点
- ☐ どちらともいえない ―――― 3点
- ☐ あてはまらない ――――――― 4点
- ☐ まったくあてはまらない ―― 5点

▼あなたの「リーダーシップ」の得点：(a)＋(b)＝【　　点】

* 節 度 *

⑯ 自制心

(a) 自分の感情をコントロールできる。
- ☐ とてもあてはまる ――――― 5点
- ☐ あてはまる ―――――――― 4点
- ☐ どちらともいえない ―――― 3点
- ☐ あてはまらない ――――――― 2点
- ☐ まったくあてはまらない ―― 1点

(b) ダイエットは続いたためしがない。
- ☐ とてもあてはまる ――――― 1点
- ☐ あてはまる ―――――――― 2点
- ☐ どちらともいえない ―――― 3点
- ☐ あてはまらない ――――――― 4点
- ☐ まったくあてはまらない ―― 5点

▼あなたの「自制心」の得点：(a)＋(b)＝【　　点】

⑱ 謙虚さと慎み深さ

(a) 人が自分のことをほめると話題を変える。
- ☐ とてもあてはまる ――――― 5点
- ☐ あてはまる ―――――――― 4点
- ☐ どちらともいえない ―――― 3点
- ☐ あてはまらない ――――――― 2点
- ☐ まったくあてはまらない ―― 1点

⑰ 慎重さ・思慮深さ・注意深さ

(a) 肉体的な危険をともなう行動は避ける。
- ☐ とてもあてはまる ――――― 5点
- ☐ あてはまる ―――――――― 4点
- ☐ どちらともいえない ―――― 3点
- ☐ あてはまらない ――――――― 2点
- ☐ まったくあてはまらない ―― 1点

(b) 友人関係や人間関係で，
　　ときどき不適切な選択をしてしまう。
- ☐ とてもあてはまる ――――― 1点
- ☐ あてはまる ―――――――― 2点
- ☐ どちらともいえない ―――― 3点
- ☐ あてはまらない ――――――― 4点
- ☐ まったくあてはまらない ―― 5点

▼あなたの「慎重さ」の得点：(a)＋(b)＝【　　点】

(b) 自分の業績についてよく人に語る。
- ☐ とてもあてはまる ――――― 1点
- ☐ あてはまる ―――――――― 2点
- ☐ どちらともいえない ―――― 3点
- ☐ あてはまらない ――――――― 4点
- ☐ まったくあてはまらない ―― 5点

▼あなたの「謙虚さ」の得点：(a)＋(b)＝【　　点】

＊ 精 神 性 ＊

⑲感謝の念

(a) どんなささいなことであっても，
　　必ず「ありがとう」と言う。
- □ とてもあてはまる ------------- 5点
- □ あてはまる ------------------ 4点
- □ どちらともいえない ------------ 3点
- □ あてはまらない --------------- 2点
- □ まったくあてはまらない --------- 1点

(b) 自分が人より幸福であると思うことはめったにない。
- □ とてもあてはまる ------------- 1点
- □ あてはまる ------------------ 2点
- □ どちらともいえない ------------ 3点
- □ あてはまらない --------------- 4点
- □ まったくあてはまらない --------- 5点

▼あなたの「感謝の念」の得点：(a)＋(b)＝【　　点】

⑳ユーモアと陽気さ

(a) いつも可能なかぎり
　　仕事と遊びをおりまぜている。
- □ とてもあてはまる ------------- 5点
- □ あてはまる ------------------ 4点
- □ どちらともいえない ------------ 3点
- □ あてはまらない --------------- 2点
- □ まったくあてはまらない --------- 1点

(b) 面白いことはめったに言わない。
- □ とてもあてはまる ------------- 1点
- □ あてはまる ------------------ 2点
- □ どちらともいえない ------------ 3点
- □ あてはまらない --------------- 4点
- □ まったくあてはまらない --------- 5点

▼あなたの「ユーモア」の得点：(a)＋(b)＝【　　点】

㉑熱意・情熱・意気込み

(a) やることすべてにのめりこむ。
- □ とてもあてはまる ------------- 5点
- □ あてはまる ------------------ 4点
- □ どちらともいえない ------------ 3点
- □ あてはまらない --------------- 2点
- □ まったくあてはまらない --------- 1点

(b) ふさぎこむことが多い。
- □ とてもあてはまる ------------- 1点
- □ あてはまる ------------------ 2点
- □ どちらともいえない ------------ 3点
- □ あてはまらない --------------- 4点
- □ まったくあてはまらない --------- 5点

▼あなたの「情熱」の得点：(a)＋(b)＝【　　点】

＊ 超 越 性 ＊

㉒審美眼

(a) ここ一ヶ月間に，音楽，美術，演劇，映画，スポーツ，
　　科学，数学などのすばらしさに打たれたことがある。
- □ とてもあてはまる ------------- 5点
- □ あてはまる ------------------ 4点
- □ どちらともいえない ------------ 3点
- □ あてはまらない --------------- 2点
- □ まったくあてはまらない --------- 1点

(b) この一年間，美しいものを創り出していない。
- □ とてもあてはまる ------------- 1点
- □ あてはまる ------------------ 2点
- □ どちらともいえない ------------ 3点
- □ あてはまらない --------------- 4点
- □ まったくあてはまらない --------- 5点

▼あなたの「審美眼」の得点：(a)＋(b)＝【　　点】

㉓希望・楽観主義・未来に対する前向きな姿勢

(a) 物事をいつも良いほうに考える。
- □ とてもあてはまる ------------- 5点
- □ あてはまる ------------------ 4点
- □ どちらともいえない ------------ 3点
- □ あてはまらない --------------- 2点
- □ まったくあてはまらない --------- 1点

(b) やりたいことのために，じっくり計画を
　　立てることなどめったにない。
- □ とてもあてはまる ------------- 1点
- □ あてはまる ------------------ 2点
- □ どちらともいえない ------------ 3点
- □ あてはまらない --------------- 4点
- □ まったくあてはまらない --------- 5点

▼あなたの「希望」の得点：(a)＋(b)＝【　　点】

㉔精神性・目的意識・信念・信仰心

(a) 私の人生には強い目的がある。
- □ とてもあてはまる ------------- 5点
- □ あてはまる ------------------ 4点
- □ どちらともいえない ------------ 3点
- □ あてはまらない --------------- 2点
- □ まったくあてはまらない --------- 1点

(b) 人生における使命はない。
- □ とてもあてはまる ------------- 1点
- □ あてはまる ------------------ 2点
- □ どちらともいえない ------------ 3点
- □ あてはまらない --------------- 4点
- □ まったくあてはまらない --------- 5点

▼あなたの「精神性」の得点：(a)＋(b)＝【　　点】

* ワーク08：自分のとっておきの強みを探そう *

結果

すべての回答が終わったら，下の採点表にそれぞれ24徳性の得点を書きこみ，8つの上位項目ごとに合計点（最高30点）を出します。その合計点を，さらに下のチャート表にポイントし，線で結んで，あなたの強みバランスチャートを作成します。

* 採点表 *

	徳性		合計		徳性		合計
知恵	①好奇心 ②独創性 ③社会的知性	【　点】 【　点】 【　点】	点	知識	④学習意欲 ⑤判断力 ⑥将来の見通し	【　点】 【　点】 【　点】	点
勇気	⑦武勇 ⑧勤勉 ⑨誠実	【　点】 【　点】 【　点】	点	節度	⑯自制心 ⑰慎重さ ⑱謙虚さ	【　点】 【　点】 【　点】	点
人間性と愛情	⑩思いやり ⑪愛情 ⑫寛容さ	【　点】 【　点】 【　点】	点	正義	⑬協調性 ⑭公平さ ⑮リーダーシップ	【　点】 【　点】 【　点】	点
精神性	⑲感謝の念 ⑳ユーモア ㉑熱意	【　点】 【　点】 【　点】	点	超越性	㉒審美眼 ㉓希望 ㉔精神性	【　点】 【　点】 【　点】	点

* 評点の見方 *

各徳性の得点が9点または10点になる項目，また8分類の合計が27点以上の項目に〇を付けてみましょう。それがあなたの強みです。チャート図の凸のところが強み，凹んでいるところが弱みとなります。また，チャートの左側が大きい人は精神性（内面）が強く，右側が大きい人は社会性（外面）が強い傾向にあるといえます。
全体的に8点以下ばかりだった人，特に突出したところがない人は，まだ自分の強みと呼べるものを持てていない，または自覚していないのかもしれません。その場合は，あなたが「こうなれたらいいな」と思う徳性の得点が高くなるように，設問への答を見直し，考え方や感じ方を高めて行く指針にしましょう。

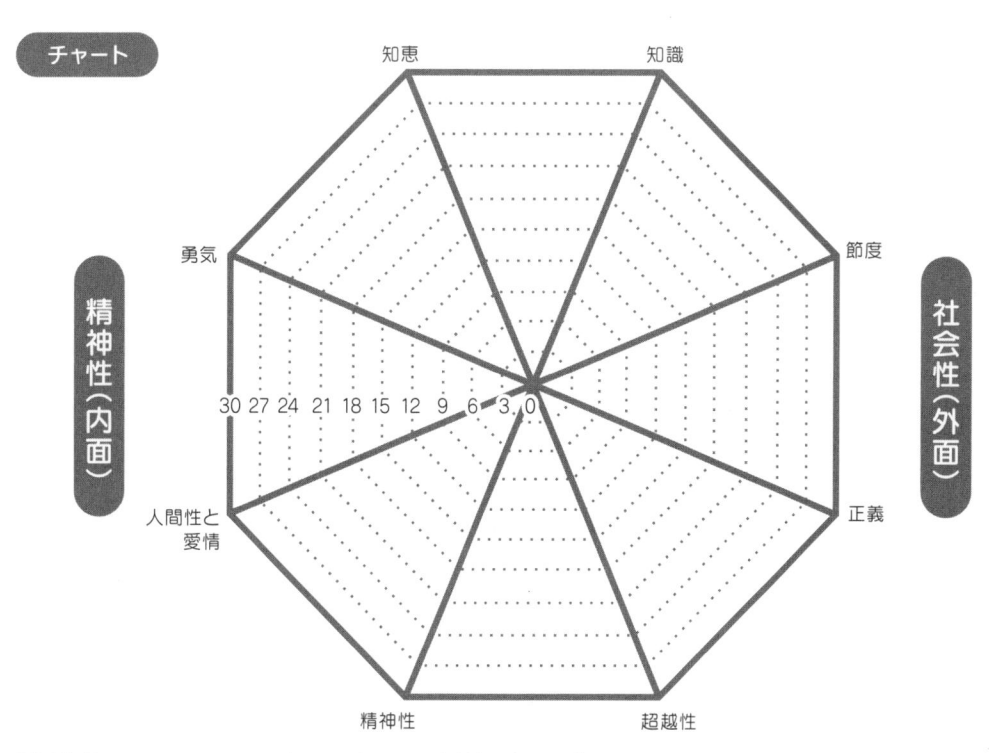

チャート

引用文献　マーティン・セリグマン　2004　小林裕子訳　『世界でひとつだけの幸せ』　アスペクト

じぶん&こころ　まなぶBOOK

❷ セルフケア ワーク09 しあわせ度チェック

「今,あなたのしあわせ度」をチェック

これは,茂木健一郎さんが訳しているマーシー・シャイモフ著の
「脳にいいことだけをやりなさい」に書かれている見出し。
あなたの脳は,今「しあわせ」ですか?
しあわせ度のチェックしてみましょう。

実習

チェック！	完全に当てはまる	ほとんど当てはまる	ある程度当てはまる	わずかに当てはまる	まったく違う
・人のいいところを探すのが得意。	5	4	3	2	1
・心の奥に穏やかな満足感がある。	5	4	3	2	1
・ネガティブな考えにとらわれない。	5	4	3	2	1
・どんな経験からも学ぼうとしている。	5	4	3	2	1
・自分には大きな力が働いていると思う。	5	4	3	2	1
・自分の変えられることは変え,変えられないことは受け入れている。	5	4	3	2	1
・生きがいがある。	5	4	3	2	1
・なぜかいつもしあわせだ。	5	4	3	2	1
・一瞬一瞬を大切にしている。	5	4	3	2	1
・自分には生命力がある。	5	4	3	2	1
・人生は大きな冒険だ。	5	4	3	2	1
・あまりくよくよしない。	5	4	3	2	1

* ワーク09：しあわせ度チェック *

- 何事にも熱中できる。　　　　　　　　　　　　　　　5 4 3 2 1
- 一日一回は楽しい気分になる。　　　　　　　　　　　5 4 3 2 1
- 世の中は自分に優しい。　　　　　　　　　　　　　　5 4 3 2 1
- 人を大目に見るのが得意。　　　　　　　　　　　　　5 4 3 2 1
- 自分自身に愛を感じる。　　　　　　　　　　　　　　5 4 3 2 1
- 温かい人々に囲まれている。　　　　　　　　　　　　5 4 3 2 1
- 何でも人のせいにしない。　　　　　　　　　　　　　5 4 3 2 1
- 何事にもいつも感謝している。　　　　　　　　　　　5 4 3 2 1

合計　　　　　点

結　果

80～100点　　＝ほとんどいつもしあわせ

60～79点　　　＝かなりしあわせ

40～59点　　　＝ときどきしあわせ

40点以下　　　＝しあわせはちょっと少ない

でもだいじょうぶ！　※60点未満だった人へ

- 毎日普通にやれていることを，いくつでもいいので書き出してみましょう。
（例えば，朝起きられる，ごはんが食べられる，学校に来られる，友達と話せるなど）

- 上の"普通にやれていること"を1個3点×思いついた数を計算して，
合計点に足してみましょう。

再合計　　　　　点

引用文献　マーシー・シャイモフ　茂木健一郎訳　2008　『脳にいいことだけをやりなさい』　三笠書房

②セルフケア ワーク10 手のひら・ワーク
～今，手の中にあるもの～

どんなワーク…？

今，あなたが手にしているものは何ですか？そして，この先の人生で手に入れたい願いや希望は何ですか？このワークは，手のひらを使って，今の自分自身の願いを確認するワークです。

目的

（1）このワークは，今の自分の現状と未来への希望を確認するワークです。今手にしているものを確認することで，自分の現状を把握し，さらに，その続きにある人生での希望を明確にします。

（2）願いや希望は，人の生きる根底にあるものです。迷いの中でも，ふと浮かんだ願いや希望には，その人自身の大切な意味が含まれています。そして，今の自分が何をしたら良いかを指し示すヒントとなります。

準備するもの	＊	P38のワークシート，ペン，クレヨン，パステルなど
所要時間	＊	30分
人　数	＊	1人から6人程度

* ワーク10：手のひら・ワーク ～今，手の中にあるもの～ *

やりかた

①紙に自分の手のひらの輪郭を縁取ります。

②描いた用紙を前に置き，軽く目を閉じて呼吸を整えます。

③そして，次の2つのことを自分に聞いてみましょう。
　（1）今，自分が手にしているものは何だろう。
　（2）この先の人生で，手に入れたいと思っているものは何だろう。自分の願いや希望は，なんだろう。

④思い浮かんだキー・ワードを，手のひらを写し取った用紙に，右図のように書き込みます。
手のひらの中心に「今，自分が手にしているもの」，指先に「自分の願いや希望」を書き込みましょう。
それぞれ，単語や短い言葉，簡単な絵で表現してみて下さい。

⑤完成したものを眺め，今の自分の気持ちを味わいます。

⑥最後に，周囲の人と，「今自分が手にしているもの」や「願い・希望」について話してみましょう。

ワークのポイント

（1）手のひらの輪郭を縁取る際，手首の部分は閉じていても，開いていてもかまいません。その時の自分自身の感覚にまかせましょう。
（2）願いや希望は，現実にかなうかどうかは問いません。心に自然に浮かんできたものを書きましょう。

実　習

実際にワークをやってみましょう。

＊ ワーク10：手のひら・ワーク 〜今，手の中にあるもの〜 ＊

ワークが終わったら…
「振り返り」に，今のあなたの気持ちを書いてみましょう。

> 振り返り

ワーク後の，あなたの気持ちや感じたことを書いて，あなたのこころを振り返ってみましょう。

❷セルフケア ワーク11 大切な人への プレゼント・ワーク

どんなワーク…?

あなたは大切な人や自分自身を思い浮かべると、どんなイメージや気持ちが湧きますか? 大切な人に、あなたのイメージや気持ちを絵にしてプレゼントしてみましょう。自分では普段、気がついていない思いに気がつくかもしれません。

目 的

（1）このワークを通して、自分の大切な人や自分自身についての素直な思いに気がつきます。日常では、様々な事柄がじゃまをしたり、身近であるからこそ気がつかない思いがあります。
（2）実際にプレゼントを贈るわけではないけれど、イメージの中でプレゼントを贈り、相手の反応を想像することで、相手への自分の気持ちを確かめることができます。これは、この先、相手や自分との向き合い方を、変化させるきっかけとなります。

- 準備するもの ＊ P42のワークシート、ペン、クレヨン、パステルなど
- 所要時間 ＊ 40分
- 人　　数 ＊ 1人から数人程度

* ワーク11：大切な人へのプレゼント・ワーク *

やりかた

①最初に，気持ちが落ち着く場所に移動して，軽く目を閉じ，呼吸を整えます。

②「自分にとって大切な人」「家族」「自分」のうち一人を思い浮かべます。その人に，どんなイメージや気持ち，どんな風景や物をプレゼントしてみたいですか。ゆっくりと自分に聞いてみましょう。できるだけ，相手が受け取って，気持ちがほっとするものを選びましょう。

③それを，絵にしてみましょう。次ページ(実習)のワークシートの中に，自分の気持ちにあった場所を選んで描きます。

④一人目が終わったら，残りの2人(もし，「家族」を最初に描いたら，「自分にとって大切な人」→「自分」など)についても，順番に絵にしていきます。

⑤完成したら，絵を静かに眺めてみましょう。そして，プレゼントを贈る様子をイメージしながら，次のように問いかけましょう。
・もし，この描いたイメージや気持ちを本当にプレゼントしたら，相手はどう感じるかな。
・プレゼントした自分は，どんな気持ちになるかな。
・もし，このプレゼントに，何かを付け足すとすれば，どこに手を加えればよいかな。
　プレゼントを贈った時の相手の反応や，プレゼントした自分の感覚を丁寧に確認しましょう。

⑥最後に，周囲の人と，自分のプレゼントについて話してみましょう。

ワークのポイント

(1)プレゼントは，相手がもらってほっとするものや，気が楽になるだろうと思うものを描き，贈りましょう。
(2)絵の上手下手は問いません。
(3)描く時は，自分のイメージや気持ちを表現するために，「どんな画材がぴったりかな」「どんな線がぴったりかな」と選びながら，描いてみてください。
(4)もし，「自分にとって大切な人」「家族」「自分」という3つの中で，描きたくない人がいたら，パスをしても大丈夫。他にプレゼントしたい人を選んで描きましょう。

じぶん&こころ　まなぶBOOK

> 実　習

実際にワークをやってみましょう。

＊　プレゼント・ワーク［ワークシート］　＊

ワークが終わったら…
「振り返り」に，今のあなたの気持ちを書いてみましょう。

* ワーク11：大切な人へのプレゼント・ワーク *

振り返り

ワーク後の，あなたの気持ちや感じたことを書いて，あなたのこころを振り返ってみましょう。

引用文献　吉田エリ　2009　『そのまま描けるノート式　アートセラピーで知るこころのかたち』　p36〜37
　　　　　河出書房新社

❷ セルフケア ワーク12 心地よいイメージに浸るワーク

目的

心地よいところをイメージすることでリラクゼーション効果があると共に、自分の感じに目を向けることができます。疲れた時などに行うと少し楽になるかもしれません。

> 準備するもの　＊　楽な服装

ワークのポイント

（1）やってみて嫌な気持ちになったりきつくなったりした場合は無理して行わないようにしてください。
（2）イメージがわきにくい場合は無理にイメージしようとせず、イメージがわいてくるのをゆっくり待ちましょう。
（3）終わってすぐは頭がボーっとしていることがありますので、目を覚ます動作を必ず行いましょう。また、すぐに何か作業を行う場合は気をつけて行いましょう。

* ワーク12：心地よいイメージに浸るワーク *

やりかた

(1) 楽な姿勢を取ります。メガネや時計など装飾品は外しておきます。
　　目は閉じた方がイメージに目を向けやすいと思いますが，開けておいた方がいいという人は開けたままでも結構です。

(2) いくつかの形容詞の中で，今の自分にしっくりくるものや楽になるものを選びます。
　　形容詞はポジティブな感じのものから選んでください。形容詞例は下に示します。
　　講義で行う場合は，形容詞を読み上げて，その中から選ぶように教示をするといいでしょう。

(3) 選んだ形容詞からイメージされる心地のよい場所や時間，活動を想像します。想像し辛い場合はイメージが出てくるまでゆっくり待ちましょう。

(4) 想像ができたら，そのイメージにゆっくり浸ります。「今，私はどんな感じかな」と自分に問いかけてみるのもいいかもしれません。もし途中で気分が悪くなったら無理に続けないようにしましょう。

(5) 心地のよいイメージを十分に体験できたと感じたら，ゆっくり目を開けます。

(6) 背伸びをしたり，腕を前にのばして手のひらをグーパーグーパーと開いたり閉じたりします。
　　（イメージのなかに浸っていると少しボーっとした感じになると思うので，目を覚ますための動作です）

形容詞例

○あたたかい　○ポカポカする　○ゆったりする　○ボーっとする　○スーっとする
○ノビノビ　○フワーとした　○フワフワ　○ふっくら　○ゴロゴロする
○プニプニする　○グーっと　○ジンワリする　○ダラーっと
○ニコニコ　○ホンワカ　○ウキウキする　○ドキドキする
○ワクワクする　○ポーっとする
など。この他にしっくりくる形容詞があれば，
それを選択してもいいです。

実　習
実際にワークをやってみましょう。

ワークが終わったら…
「振り返り」に，今のあなたの気持ちを書いてみましょう。

* ワーク12：心地よいイメージに浸るワーク *

振り返り

ワーク後の，あなたの気持ちや感じたことを書いて，あなたのこころを振り返ってみましょう。

❸ グループワーク ワーク13 みんなで100マス作文

どんなワーク…?

初めてのグループワークでの緊張や不安を軽減し，メンバー同士で協力して楽しめるゲームワークです。1人ひとりの負担が少なく全員が楽しめるように工夫されています。

目的

（1）グループワーク初期の緊張や不安を"遊び"の中で緩和する。
（2）自己表現が苦手なメンバーも無理なくゲームに参加できる。ゲームを通してメンバー同士が自然な形で交流できる。

- 準備するもの ＊ 模造紙，セロテープ，ペン（人数分）
- 所要時間 ＊ 約1時間
- 人数 ＊ 5人〜10人

ワークのポイント

（1）みんなで協力して楽しくゲームをすることが目的です。グループ同士の競争にならないことが大切です。おかしな文章ができてもみんなでそれを笑って楽しむことができれば目標達成です。
（2）はじめから積極的な人もいれば緊張して控え目にしている人もいると思います。それぞれ無理のない，その人なりの参加ができるようにしましょう。

やりかた

(準備)
模造紙を縦横12等分に折り目をつけて広げる。四隅に鍵かっこを記入し、壁にセロテープでとめる（下図を参照）。メンバーは1人1本ペンを持ち模造紙の前に1列に並ぶ。

模造紙の作り方（10行×10列）
（1）模造紙を縦横それぞれ12等分する。（半分に2回折り、それを3等分に折る）
（2）四隅に1マス空けて鍵カッコを記入する。

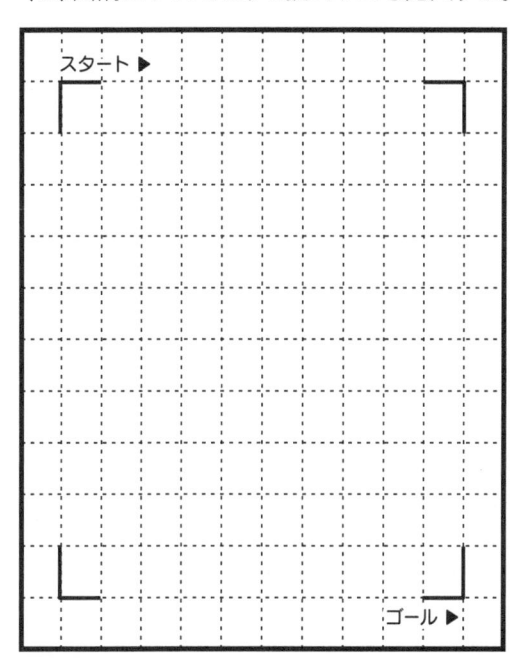

①作文
各グループで模造紙の空白の100マスを1人1文字ずつ（句読点含む）順番に記入していく。メンバー間で話し合わずに、グループ全員で1つの100マス作文を完成させる。
作文のテーマを与えると書きやすい。たとえば「好きな人をデートに誘うときのことば」などのテーマを設定すると盛り上がりやすい。

②タイトルを決める
完成したグループから、メンバーで話し合って作文のタイトルを決める。

③発表
全てのグループが完成したら、1グループずつメンバーが作文を発表する。

> 実　習

実際にワークをやってみましょう。

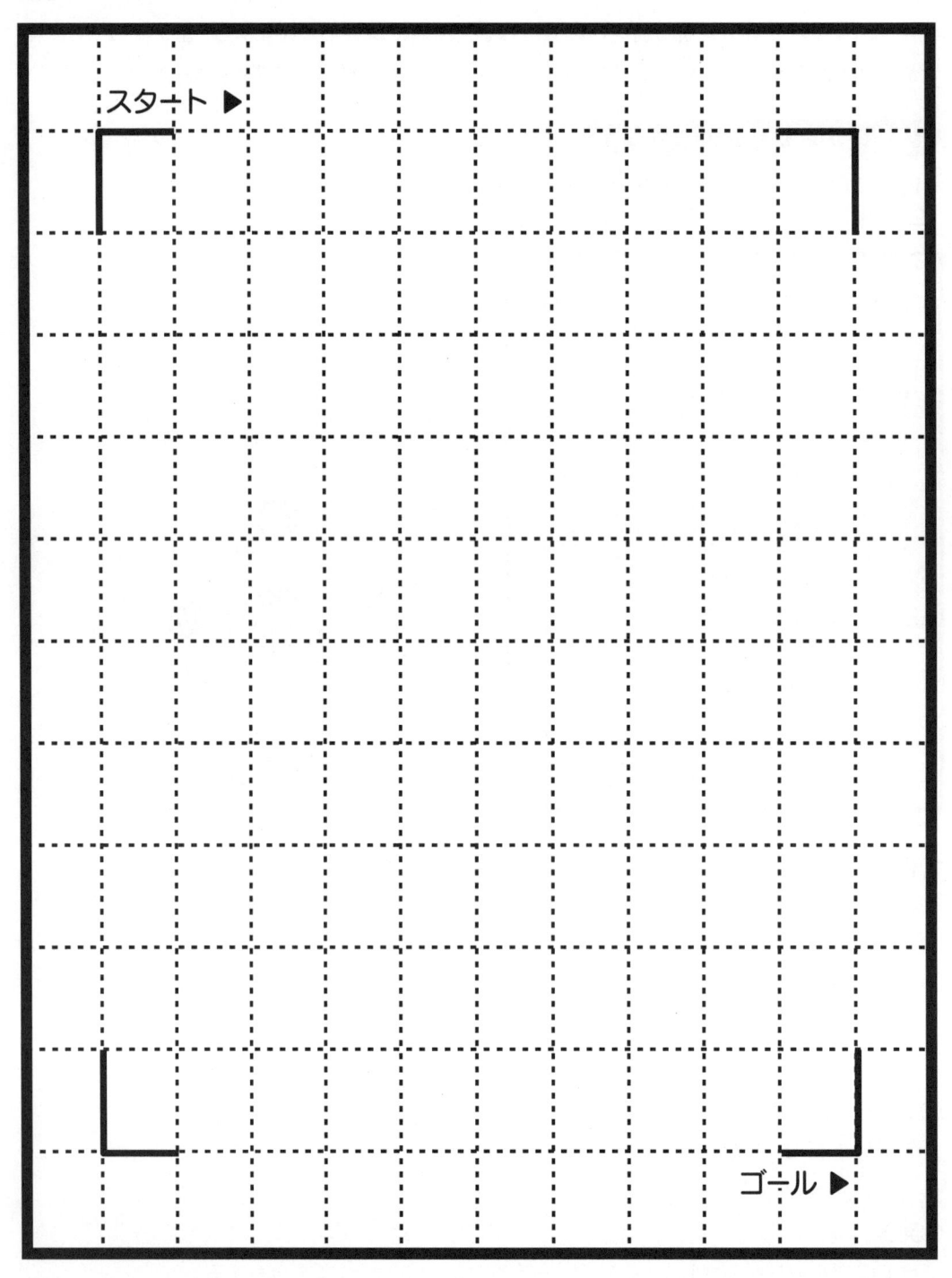

スタート ▶

ゴール ▶

ワークが終わったら…
「振り返り」に，今のあなたの気持ちを書いてみましょう。

* ワーク13：みんなで100マス作文 *

振り返り

ワーク後の，あなたの気持ちや感じたことを書いて，あなたのこころを振り返ってみましょう。

1 アイスブレーク ice break

2 セルフケア self care

3 グループワーク group work

引用文献　國分康孝・國分久子(総編集)　片野智治(編集代表)　朝日朋子・大友秀人・岡田弘・鹿島真弓・河村茂雄・品田笑子・田島聡・藤川章・吉田隆江(編)　2004　『構成的グループエンカウンター事典』　図書文化

❸ グループワーク ワーク14 「目指せ名探偵」セッション

どんなワーク…?

小グループ対抗戦の形を取ったクイズ。最初にあるメンバーが出題者(以下A)となります。Aを相手に<u>各グループから一人</u>ずつインタビュー(質問の内容は各グループ内で協議)をする。Aは自分の個人的な嗜好などをテーマとした2〜4択クイズを出題(例:私はチーズバーガーとてりやきバーガーどちらが好きでしょうか etc)。メンバーはインタビューで得た情報などからグループ内で協議しながら,Aの嗜好などを推理し正解を導きだす。
いちばん正解数が多いグループは「名探偵」の称号を得る。

目 的

(1) グループ初期のメンバー間の言語による交流促進。(興味を向ける対象が一人なので,全体的な緊張感は少ない。司会は積極的に言語による交流を促すとベター)
(2) 時間が開いた後のセッション開始時のウォーミングアップ。
(3) グループの凝集性を高める。

> 準備するもの　＊　筆記用具,メモ用紙,黒板またはホワイトボード
> 所要時間　＊　約1時間ほど　さじかげんで時間調整は容易
> 人　数　＊　5人〜10人

ワークのポイント

(1) 遊び心と楽しむ心をもつ。
(2) 場に緊張感がある時は,司会は「今からクイズで遊びますよ。」とはじめに言う。
(3) 煩雑さは避けたい。最初の出題者Aは司会か進行役が担当するのが好ましい。しかし場の流れによってはその限りではない。
(4) 司会は可能ならば,ワークの趣旨の説明の後,「出来るだけ活発な意見交換は行ってほしいが,他人を攻撃したり否定したりすることは禁止します。」と明言する。
(5) メンバーが協議している間など,メンバーを観察できるタイミングが多い。司会や進行役などは,各グループやメンバーの特徴をある程度つかんでいくとよい。その後のセッションの参考になる。

* ワーク14:「目指せ名探偵」セッション *

やりかた

導入の一例
出題者Aを決める。立候補が出なければ推薦，じゃんけん大会などのミニゲームで決めてもよい。概ね司会や進行役がデモンストレーションを兼ねて1問目を担当するとスムーズ。

A「このセッションでは，みなさんに探偵になっていただきます。私（A）についてのクイズを出します。皆さんは，私の見た目や服装，その他あらゆる情報をもとに推理し意見を出し合い見事正解を当ててください。グループ対抗戦ですから頑張ってください。優勝グループには「名探偵」の称号が与えられます。」

①インタビュー

A「私とみなさんはクラスメートですが，まだまだ知らない部分があると思います。各グループ一つずつ私個人に関するインタビューを受け付けます。各グループで質問の内容を考えてください。」

Aはインタビューにはできるだけ率直に答え，ヒントとして黒板に書く。答えにくい場合やあまりに個人的すぎる内容については「ないしょ。」で流してよい。

②クイズ

Aは自分の個人的な嗜好などをクイズにして出す（例1：私はコーヒー派か紅茶派かどっち？）（例2：私がポテトチップで一番好きな味は，うすしお　コンソメ　のり塩　九州しょうゆのうちどれ？）。用意してきたクイズに加え，できればインタビューに関連したものをアドリブで出すと盛り上がる。

Aは一問クイズを出したらすぐにメモ用紙に答えを書く。メンバーに見えないように。各グループで協議をしてもらい，答えが出たら代表者が黒板に答えを書きに行くように伝える。

板書例

	例 1	例 2
1 班	コーヒー	うすしお
2 班	紅茶	のり塩
3 班	コーヒー	コンソメ
4 班	コーヒー	のり塩

答えが出そろったら，Aは先ほどのメモ用紙を見せ正解を発表。→次の問題へ。その繰り返し。司会は時間やメンバーの雰囲気を観察しながら，丁度いい問題数を意識する。次に来るワークの性質も考え，疲れないように。問題は徐々に難しく抽象的にしていくのも面白い。途中でヒントを欲しがる声が多ければ，再度インタビュータイムを設けても面白い。最終的に優勝グループを決めるが，順位はつけない。「名探偵」の称号の他に，ささやかな優勝特典を用意できたら盛り上がるが，臨機応変に。

実　習

実際にワークをやってみましょう。

ワークが終わったら…
「振り返り」に，今のあなたの気持ちを書いてみましょう。

* ワーク14：「目指せ名探偵」セッション *

振り返り

ワーク後の，あなたの気持ちや感じたことを書いて，あなたのこころを振り返ってみましょう。

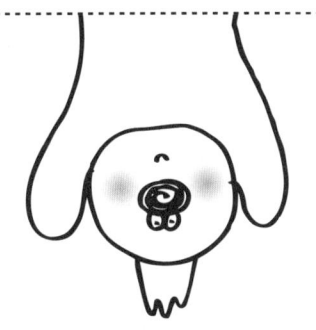

1 アイスブレーク ice break

2 セルフケア self-care

3 グループワーク group work

じぶん＆こころ まなぶBOOK

スゴロクトーキング（大学生版）

③グループワーク ワーク15

目的

ゲーム感覚で楽しんでお互いの自己紹介ができるワークです。国分・国分（2004）などが小学生などを対象とした自己紹介のワークとして紹介しているものの質問の内容を大学生用に修正したものです。まだお互いをあまり知らない1年生やゼミの最初などに行うことで、少しお互いを知るきっかけになります。また、講義で利用する場合は、自分を語るようなセッションの前にこのワークを行うことで、楽な雰囲気で自分を語る準備を行うことができます。

> **準備するもの** ＊ スゴロク
>
> コマ
> （紙で作成してもいいですし、手元にあるもの・資料Bをコマにしても結構です）
>
> サイコロ
> （既存のものを利用してもいいですし、資料Cをもとに作ってもいいです）

ワークのポイント

①あくまでお互いを知ることが目的であり、ゴールすることが目的ではありません。ゴールすることに躍起になって、他の人の自己紹介に耳を傾けないと本末転倒になってしまいますので、ゴールすることよりも他の人が何を話すかに関心を向けましょう。

②答えにくい質問はパスすることを認めることは大切です。自分を語ることが苦手な人もいると思いますが、無理に話すと傷つき体験に繋がります。あくまで楽しみながらの自己紹介が目的です。ただ、安易にパスをしてしまうと、結局あまり自分のことを紹介できなかったということにもなるので、あくまで「どうしても答えられない、答えたくない質問」をパスしても良いというくらいがいいでしょう。無理をせずに、しかしある程度自己紹介をすることがこのワークを行う上でのコツになってきます。

③誰もゴールできないという状況も寂しいので、実施時間やメンバーの人数によって、マスの数を調整するものいいでしょう。

* ワーク15：スゴロクトーキング（大学生版） *

やりかた

①グループ毎に分かれて，スゴロク，コマ，サイコロを準備する。

資料Aは質問の参考例です。質問は答えやすい質問から少しずつ自分の内面に関する質問へという配列になっています。学年や学科で質問内容を変えるなど必要に応じて質問内容の変更をすることも可能です。その場合は，右ページに質問を書きこんで，オリジナルのスゴロクを作りましょう。

空白のマスは，①フリートークにする，②予めメンバーに合った質問を記入しておく，③メンバーに質問を考えてもらい，その質問を書いたくじを作り，空白のマスに止まった人はくじを引いて，書かれている質問に答えるなどメンバーに応じて活用して下さい。

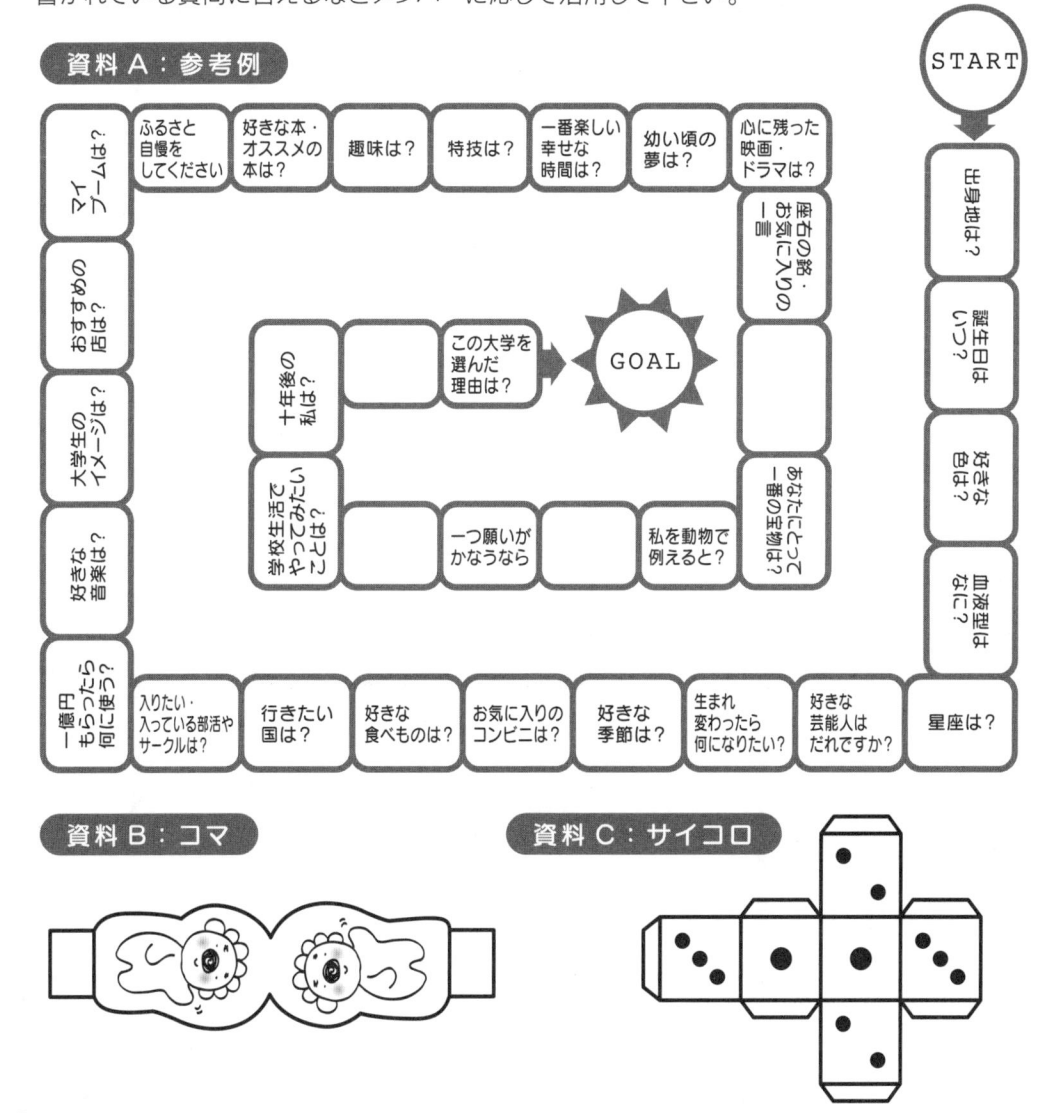

資料A：参考例

START → 出身地は？ / 誕生日はいつ？ / 好きな色は？ / 血液型はなに？ / 星座は？ / 好きな芸能人はだれですか？ / 生まれ変わったら何になりたい？ / 好きな季節は？ / お気に入りのコンビニは？ / 好きな食べものは？ / 行きたい国は？ / 入りたい・入っている部活やサークルは？ / 一億円もらったら何に使う？ / 好きな音楽は？ / 好きな本は？ / 大学生のイメージは？ / おすすめの店は？ / マイブームは？ / ふるさと自慢をしてください / 好きな本・オススメの本は？ / 趣味は？ / 特技は？ / 一番楽しい幸せな時間は？ / 幼い頃の夢は？ / 心に残った映画・ドラマは？ / 座右の銘，お気に入りの一言 / あなたにとって一番の宝物は？ / 私を動物で例えると？ / 一つ願いがかなうなら / 学校生活でやってみたいことは？ / 十年後の私は？ / この大学を選んだ理由は？ → GOAL

資料B：コマ

資料C：サイコロ

②順番を決める。
③順番にサイコロを振り，止まったマスの質問に答えていく。

じぶん＆こころ　まなぶBOOK　57

実　習

実際にワークをやってみましょう。

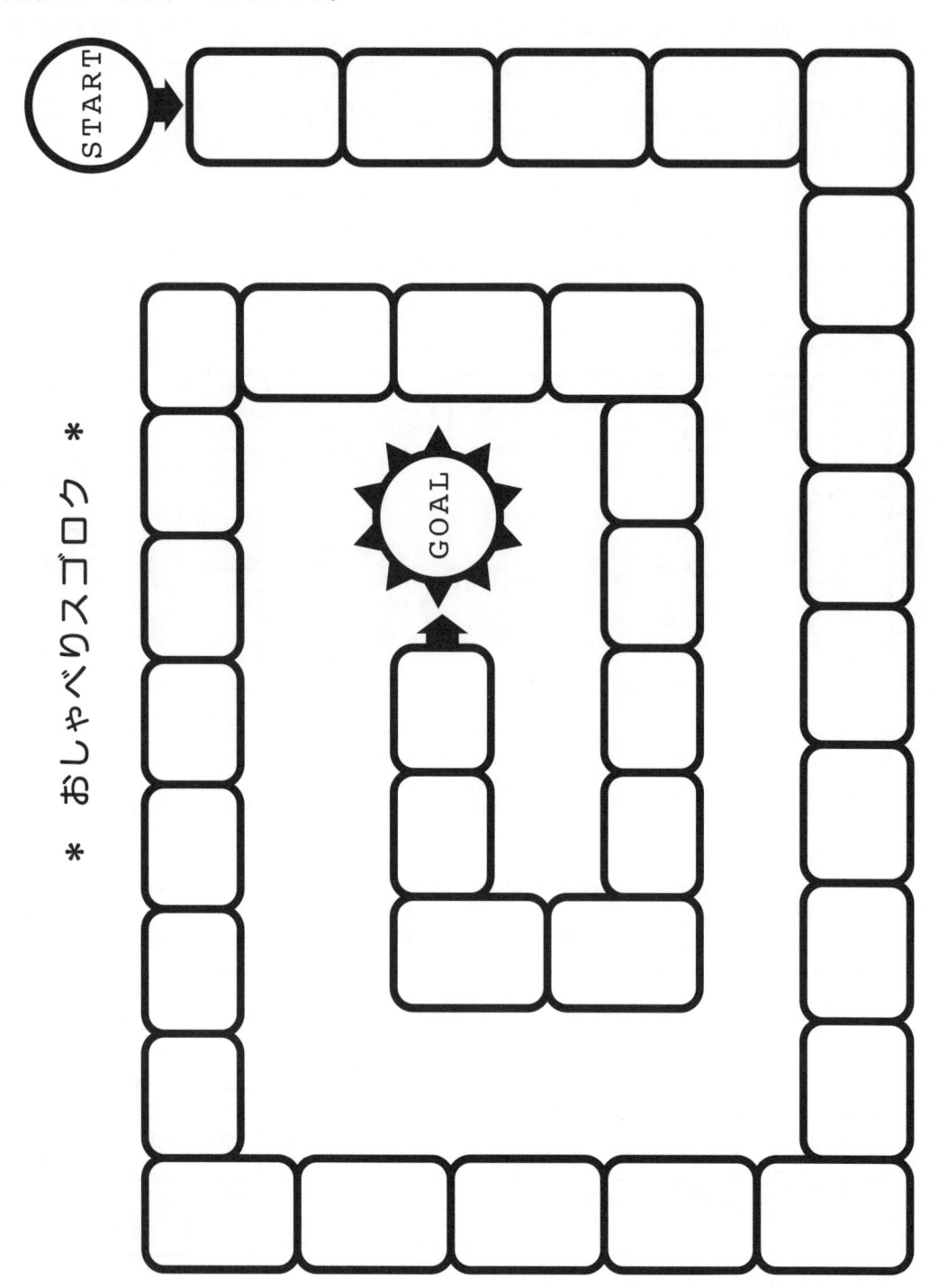

＊ おしゃべりスゴロク ＊

ワークが終わったら…
「振り返り」に，今のあなたの気持ちを書いてみましょう。

* ワーク15：スゴロクトーキング（大学生版） *

振り返り

ワーク後の，あなたの気持ちや感じたことを書いて，あなたのこころを振り返ってみましょう。

引用文献　國分康孝・國分久子（総編集）　片野智治（編集代表）　朝日朋子・大友秀人・岡田弘・鹿島真弓・河村茂雄・品田笑子・田島聡・藤川章・吉田隆江（編）　2004　『構成的グループエンカウンター事典』　図書文化

❸ グループワーク ワーク16 「夢を語る・聴く」セッション

どんなワーク…?

自分自身の「夢」や「将来の展望」を語り、他のメンバーが肯定的フィードバックを行います。「夢」や「自分の将来」など各個人の生き方や価値観にかかわる内容をテーマとすることで深いレベルの相互理解が期待できます。

目 的

（1）自分自身の夢や将来、展望について自由に連想を膨らませることで、「未来の自分」をイメージするきっかけとする。
（2）グループメンバーに夢を語り肯定的フィードバックをもらうことで、他者からの肯定的受容や承認される体験となる。
（3）グループメンバーのさまざまな夢をしっかりと傾聴し、フィードバックを行うことで、多様な価値観や生き方に触れる。

- 準備するもの ＊ 筆記用具, メモ用紙
- 所要時間 ＊ 1～2時間
- 人　　数 ＊ 5人～10人

ワークのポイント

（1）このセッションを行う前提としてグループの居心地の良さが大切です。将来の夢を他者に語るということは緊張することであり抵抗がある人もいます。そのため、メンバー同士の信頼感と落ちついた雰囲気が必要です。
（2）「夢」「未来の自分」については、能力や経済的問題など現実的制約をあまり考えず自由に空想するといいでしょう。緻密な将来設計をするよりも未来の空想をふくらませていくと楽しいセッションに発展していくでしょう。
（3）フィードバックする際は否定しないことが大切です。語り手の自由な空想を大切に扱い、元気づけるようなフィードバックになるように心がけましょう。
（4）夢が思い浮かばない、語れない人は「今、関心を持っていること」など話しやすいテーマで話ができるといいでしょう。うまく話せなくても、このセッションに参加している、という実感を持つことが大切です。

* ワーク16:「夢を語る・聴く」セッション *

やりかた

セッションの説明

「このセッションでは,夢についてグループで話してもらいます。皆さんは,未来の自分がこうなっていたらいいな,とか,こういうことがしたいなど,人それぞれ将来に対する希望・夢があると思います。それについて他のメンバーに少しお話してもらいます。普段,自分の夢や未来を人に話したり,他の人の夢をゆっくり聞く機会はあまりないと思いますので,このセッションではそういう機会になればいいと思います。これからお話してもらう夢や将来への希望は,実現可能性や現実的な制約をあまり考えず自由に発想してください。

他のメンバーはその人の夢をしっかりと聴き,それについて前向きな感想や元気づけられるような言葉を1人ずつ伝えてください。」

① **連想を膨らませる(5〜10分)**
　各自で話す内容についてメモ用紙にピックアップして,整理する。

② **夢を語る(3〜5分)**
　全員の準備が整ったらグループで輪になって座り,
　メンバーの1人が「自分の夢」について語る。他のメンバーはしっかり聴く。

③ **フィードバック(1〜2分/1人)**
　聴き手である他のメンバーは,印象に残ったこと,良いなと思ったこと,尊敬できるところ,実現に向けてのアイディアなどを語り手に伝える(1人ずつ)。この時,語り手を元気づける,勇気づけるような気持で伝える。可能であれば,語り手の肩に手をあてて伝えるのもよい。

④ **感想(1分)**
　全員が伝え終わったら,語り手はメンバーに感想を述べる。

②③④をメンバー全員が終わるまで繰り返す。

1 アイスブレーク ice break

2 セルフケア self care

3 グループワーク group work

じぶん&こころ　まなぶBOOK

> **実　習**

実際にワークをやってみましょう。

ワークが終わったら…
「振り返り」に，今のあなたの気持ちを書いてみましょう。

＊ ワーク16：「夢を語る・聴く」セッション ＊

振り返り

ワーク後の，あなたの気持ちや感じたことを書いて，あなたのこころを振り返ってみましょう。

1 アイスブレーク ice break

2 セルフケア self-care

3 グループワーク group work

引用文献　國分康孝・國分久子(総編集)　片野智治(編集代表)　朝日朋子・大友秀人・岡田弘・鹿島真弓・河村茂雄・品田笑子・田島聡・藤川章・吉田隆江(編)　2004　『構成的グループエンカウンター事典』　図書文化
参考文献　村山正治　2008　『PCAグループの試みと実践を中心に』　人間性心理学研究 26・1・2号 9-16

じぶん＆こころ　まなぶBOOK　63

「こころの花束」セッション

③ グループワーク　ワーク17

どんなワーク…？

グループメンバーから、自分の良いところや、尊敬できるところ、好きなところを教えてもらう。発表会の形をとり、他のメンバーから言葉をもらい「こころの花束」として受け取る。

目的

（1）自分の良いところなどを他人から伝えてもらうことによる自尊感情の向上促進。
（2）自己発見。
（3）他者に受け入れられる体験。認められる体験。
（4）他人の良いところを探すというスキル促進と、喜んでもらう経験。
（5）グループの凝集性の向上。

準備するもの ＊ 筆記用具、メモ用紙
（各グループ、一人につきメンバー人数分：6人グループなら一人6枚ずつ）

所要時間 ＊ 1〜2時間

人数 ＊ 5人〜10人

ワークのポイント

（1）手順を間違えることのないように。資料を見ながらでよい。できれば事前に流れの確認はしておいた方がよい。
（2）やや複雑なワークなので、司会からの説明は大きな声ではっきりと。
　　メンバーの様子を見ながら順序良く。質問は随時受け付ける体勢をとる。
（3）騒がしくなりがちなので、時には声を大きくして仕切ってもよい。
（4）司会者もぜひ参加する。

* ワーク17:「こころの花束」セッション *

やりかた

導入の一例
「このセッションでは,みなさんの良いところなどをメンバーから伝えてもらいます。みなさんの良いところってどこですか？なかなか出てきにくかったりしませんか？案外他人の方がよく見ててくれたりするものです。折角みなさん集まっていますし良い機会なので,グループのメンバーから教えてもらいましょう。」

①ワークの意味の説明
司会や進行役自身の良いところを,言ってもらったり認めてもらったりして,嬉しくて元気になった体験談を話しながら,このワークを提供する理由や意味を説明する。

②用紙を配る
各グループ,一人につき<u>メンバー人数分</u>の用意：6人のグループであれば一人6枚ずつ。
❗ 自身の分も勘定に入るので勘違いが起きやすい。何度か枚数を確認させる。

③宛て名書き
1枚の用紙の一番上に,一人ずつ　○○さんへ　と記入する。自分にも○○さんへと書かせる。
❗ <u>差出人の名前　○○より　は記入しない。</u>
▶ 少し待ち,足並みをそろえる。

④記入
それぞれの紙にその人の「いいところ」「尊敬するところ」「好きなところ」など組み合わせは自由だが,3つ以上書く。書き方は自由。文章でもいいし一言でもいい。絵を描いてもいい。
❗ <u>約束として悪口や誹謗中傷,後ろ向きなことは絶対書かない。</u>お世辞もやめる。心に思った本当のことだけを頑張って書いてもらう。
以上が伝わったら,個人作業へ移る。(人との相談はなし)
▶ たっぷり時間をとる。(人数にもよるが,約30～40分で設定しておき,状況を見て調節する)
司会から書き終えたメンバーへ,用紙を裏返しにして,そのことについて話さないように注意を促す。

⑤配達
個人作業からグループに戻る。円を作って座る。
各メンバーのところに,自分の書いた用紙を,<u>裏返しのまま</u>置く。
❗ <u>混乱しやすいので丁寧に。</u>手元にグループの人数分あるかを裏返しのまま確認。

⑥発表会
手元にある自分宛ての用紙を,<u>裏返しのまま</u>まとめて「右」隣りのメンバーへ渡す。
じゃんけんなどで一番はじめに「左隣のメンバーの良いところ」を紹介する人を決める。
手持ちの用紙を全部読み終えたら,まとめて「こころの花束」として本人に贈る。もらった当人はメンバーに向けて感謝や感想を一言。
▶ 拍手をして読み手を「時計回り」に順番を移す。(読んでもらった後で今度は読む流れ)
全員が読んでもらうまで繰り返す。

実 習

実際にワークをやってみましょう。

ワークが終わったら…
「振り返り」に，今のあなたの気持ちを書いてみましょう。

* ワーク17:「こころの花束」セッション *

振り返り

ワーク後の,あなたの気持ちや感じたことを書いて,あなたのこころを振り返ってみましょう。

参考文献　村山正治　2009　『子どもの心と学校臨床(第1巻)特集:学校でうまくゆく心理アプローチと考え方　学校におけるPCAグループの実践と展開』　遠見書房
　　　　　村山正治　2008　『PCAグループの試みと実践を中心に』　人間性心理学研究26・1・2号9-16

①毎回ワーク後に行なう

**じぶん＆こころまなぶブック
振り返りワークシート①**

日付 _____

氏名 _____

１．このワークの中で，あなたは

（１）この場に自分らしく緊張せずに居ることが

全然できなかった	あまりできなかった	ふつう	まあまあできた	十分できた
1	2	3	4	5

（２）このワークを通じて自分の性格や特性などに気付くことが

全然できなかった	あまりできなかった	ふつう	まあまあできた	十分できた
1	2	3	4	5

（３）自分の感情の表現が

全然できなかった	あまりできなかった	ふつう	まあまあできた	十分できた
1	2	3	4	5

（４）自分の意見の主張が

全然できなかった	あまりできなかった	ふつう	まあまあできた	十分できた
1	2	3	4	5

（５）メンバーの名前，顔，性格をよく知ることが

全然できなかった	あまりできなかった	ふつう	まあまあできた	十分できた
1	2	3	4	5

（６）メンバーと十分にコミュニケーションをとることが

全然できなかった	あまりできなかった	ふつう	まあまあできた	十分できた
1	2	3	4	5

（７）このワークを通じて自分が少しでも新しいことに気づいたり変わることが

全然できなかった	あまりできなかった	ふつう	まあまあできた	十分できた
1	2	3	4	5

平均点　　　　　　　　点／５点中

（小数点以下１ケタまで計算）

①＋② 継続したワークの最終会に行なう

> じぶん＆こころまなぶブック
> 振り返りワークシート②

日付

氏名

2．上記1の設問に関して，できた人もできなかった人も，
　それぞれの理由は何だと思いますか？

3．このワークが自分にとってよかったところはどんなところですか？

4．仲間との交流がよくできたと思う部分はどんな点ですか？

5．このワークの内容やメンバーの交流を通して，自分が気づいたこと，変化した，
　成長できたと思うことは何ですか？

6．あなたにとって，仲間づくり，コミュニケーションの意義は何でしょうか？

7．あなたがまたこのワークを行うとしたら，どんなことを目標にしたいですか？

8．最後に，このワークを受けて感じたこと，得たこと，その他何でも結構です。
　感想・メッセージをお願いします。

＊ 引用・参考文献一覧 ＊

①アイスブレーク

ワーク01：チェーンリング
プロジェクトアドベンチャージャパン　2005　『グループのちからを生かす―プロジェクトアドベンチャー入門　成長を支えるグループづくり』　みくに出版

ワーク03：紹介ワーク
西村宣幸　2008　『ソーシャルスキルが身に付くレクチャー＆ワークシート』　学事出版

②セルフケア

ワーク04：交流分析エゴグラム
芦原　睦　1998　『エゴグラム ―あなたの心には5人の家族が住んでいる』　扶桑社
桂　戴作ほか　1984　『交流分析入門』　チーム医療
西村宣幸　2008　『コミュニケーションスキルが身に付くレクチャー＆ワークシート』　学事出版
柴崎武宏　2004　『自分が変わる・生徒が変わる交流分析』　学事出版
杉田峰康　1983　『人生ドラマの自己分析』　創元社

ワーク05：自己を見る ―自己評価―
梶田叡一　1988　『自己意識の心理学(第2版)』　東京大学出版会
川瀬正裕・松本真理子　1993　『自分さがしの心理学』　ナカニシヤ出版

ワーク06：自己表現 ―アサーション―
菅沼憲治　1989　『アサーティブ＝チェックリスト　青年心理』　金子書房
川瀬正裕・松本真理子　1993　『自分さがしの心理学』　ナカニシヤ出版

ワーク07：EQチェック
ダニエル・ゴールマン　土屋京子訳　1996　『EQ～こころの知能指数』　講談社
ダニエル・ゴールマン　土屋京子訳　2007　『SQ～生き方の知能指数』　講談社
大村政男　1997　『ズバリ診断!EQテスト―「こころの知能指数」が見えてくる』　現代書林
リチャード・J. デビッドソン　シャロン・ベグリー　茂木健一郎訳　2013　『脳には自分を変える「6つの力」がある』　三笠書房
内山喜久雄　1997　『EQ,その潜在力の伸ばし方』　講談社
山口美和　1999　『大学生の『EQ―こころの知能指数―』に関する研究』　常葉学園大学研究論文　(Harmony美和のページ掲載)

ワーク08：自分のとっておきの強みを探そう
マーティン・セリグマン　小林裕子訳　2004　『世界でひとつだけの幸せ』　アスペクト

ワーク09：しあわせ度チェック
マーシー・シャイモフ　茂木健一郎訳　2008　『脳にいいことだけをやりなさい』　三笠書房

ワーク11：大切な人へのプレゼント・ワーク
吉田エリ　2009　『そのまま描けるノート式　アートセラピーで知るこころのかたち』　p36～37　河出書房新社

③グループワーク

ワーク13：みんなで100マス作文, ワーク15：スゴロクトーキング(大学生版)
國分康孝・國分久子(総編集)　片野智治(編集代表)　朝日朋子・大友秀人・岡田弘・鹿島真弓・河村茂雄・品田笑子・田島聡・藤川章・吉田隆江(編)　2004　『構成的グループエンカウンター事典』　図書文化

ワーク16：「夢を語る・聴く」セッション
國分康孝・國分久子(総編集)　片野智治(編集代表)　朝日朋子・大友秀人・岡田弘・鹿島真弓・河村茂雄・品田笑子・田島聡・藤川章・吉田隆江(編)　2004　『構成的グループエンカウンター事典』　図書文化
村山正治　2008　『PCAグループの試みと実践を中心に』　人間性心理学研究26・1・2号 9-16

ワーク17：「こころの花束」セッション
村山正治　2009　『子どもの心と学校臨床 (第 1 巻) 特集: 学校でうまくゆく心理アプローチと考え方　学校におけるPCAグループの実践と展開』　遠見書房
村山正治　2008　『PCAグループの試みと実践を中心に』　人間性心理学研究26・1・2号 9-16

監修者・編者紹介

村 山 正 治
むら やま しょう じ
東亜大学大学院特任教授・臨床心理学専攻主任
学校臨床心理士ワーキンググループ代表
臨床心理士

鬼 塚 淳 子
おに づか じゅん こ
九州産業大学基礎教育センター特任講師
臨床心理士

Ⓒ 村山正治・鬼塚淳子 2014
2014年 3 月28日 初 版 発 行
2015年 4 月15日 初版第 2 刷発行

じぶん & こころ
まなぶBOOK

監修者 村 山 正 治
編 者 鬼 塚 淳 子
発行者 山 本 格

発行所 株式会社 培 風 館
東京都千代田区九段南 4-3-12・郵便番号 102-8260
電 話(03)3262-5256(代表)・振 替 00140-7-44725
東港出版印刷・牧 製本
PRINTED IN JAPAN

ISBN 978-4-563-05240-9 C3011